LOS CINCO
BENEFICIOS
DE SER
AMABLE

DR. DAVID HAMILTON

LOS CINCO
BENEFICIOS
DE SER
AMABLE

Diseño de portada: Planeta Arte & Diseño
Ilustraciones de interiores: Diego Enrique Martínez García
Diseño de interiores: Mariana Castro

Título original: *5 Side Effects of Kindness*

© 2017, David R. Hamilton

Publicado originalmente en 2017 por Hay House UK Ltd.

Traducción: Patricia Pérez Esparza

Derechos reservados

© 2020, Editorial Planeta Mexicana, S.A. de C.V.
Bajo el sello editorial DIANA M.R.
Avenida Presidente Masarik núm. 111, Piso 2
Colonia Polanco V Sección, Miguel Hidalgo
C.P. 11560, Ciudad de México
www.planetadelibros.com.mx

Primera edición en formato epub: enero de 2020
ISBN: 978-607-07-6412-7

Primera edición impresa en México: enero de 2020
ISBN: 978-607-07-6391-5

Impreso en los talleres de Litográfica Ingramex, S.A. de C.V.
Centeno núm. 162-1, colonia Granjas Esmeralda, Ciudad de México
Impreso y hecho en México - *Printed and made in Mexico*

Elogios para *Los cinco beneficios de ser amable*

«La AMABILIDAD es una medicina poderosa. Al hacer de esta una práctica consciente, tu vida mejorará de una manera sólida y mensurable: tendrás mejor salud, paz interior, abundancia cotidiana, alegría profunda y más amor. El inspirador libro del doctor Hamilton te muestra cómo lograrlo».

Robert Holden, autor de *Life Loves You* [*La vida te ama*]
y *Shift Happens!* [*¡El cambio es posible!*]

«Un hermoso recordatorio a corazón abierto de la importancia de la amabilidad en todos los niveles».

Bronnie Ware, autor de *The Top Five Regrets of the Dying* [*Los cinco grandes arrepentimientos de las personas antes de morir*]

«Siempre he sentido que la amabilidad es el amor hecho visible. Como lo señala este alentador libro de David Hamilton, ¡también retrasa el envejecimiento, mejora la salud del corazón y hasta es un poco contagiosa!»

Michael Neill, autor del *bestseller The Inside-Out Revolution* [*De adentro hacia afuera. La revolución*] y *The Space Within* [*El espacio interno*]

«AMO a David Hamilton. Y cualquiera (incluso, Darth Vader) que escriba sobre la bondad y la amabilidad recibirá mi apoyo, mis felicitaciones y mi primogénito. Bueno, mi primogénito no, solo bromeo, ¡pero quiero alentar a cualquiera que me escuche (a ustedes tres) a OBTENER ESTE LIBRO! Y a ser amables. Siempre. Y para siempre».

Pam Grout, colaboradora del *New York Times* y autora de títulos *bestseller* como *E-Squared* [*E2: Potencia tu energía*], *E-Cubed* [*E al cubo*] y *Thank & Grow Rich* [*Agradece y genera abundancia*]

«¡Este libro es un acto de bondad! Está lleno de técnicas, prácticas inspiradoras y científicamente comprobadas sobre cómo aportar más bondad a nuestra vida, ¡y te hace querer salir y ser amable!».

Charlie Morley, autor de *Dreams of Awakening*
[*Sueños lúcidos*]

«Este es el libro para ti si alguna vez has deseado una vida más fácil. David tiene una forma de hacer que lo complejo se vuelva simple y profundo. Tuve muchos momentos de comprensión y claridad mientras leía este libro, y estoy absolutamente segura de que también a ti te sucederá. Lleva a cabo para ti el mayor acto de amabilidad y abre estas páginas a medida que abres tu mente, mientras permites que David abra suavemente tu corazón a todo un mundo de posibilidades y la vida que en verdad mereces».

Ali Campbell, autora de *Just Get on With it!* [*¡Solo sigue adelante!*]
y *More than Just Sex* [*Más que solo sexo*]

«Si crees que este es un libro extravagante sobre la amabilidad, por favor, piénsalo de nuevo. David Hamilton no crearía un libro banal cubierto de azúcar, ¡aunque sea un experto en placebos! Nadie en este planeta ha investigado la conexión mente-cuerpo de la manera en que lo ha hecho él. ¡La vive y la encarna! Su libro más reciente, *I Heart Me* [*Lo que me gusta de mí: un libro para aprender a quererte*], nos condujo a un viaje de *amor propio*; este trata sobre el *amor social* y los brillantes beneficios que la amabilidad tiene en nuestro propio bienestar. David te muestra que la amabilidad está lejos de ser extravagante: es poderosa. Mejorará tu vida y tu mundo».

Becky Walsh, autora, locutora y presentadora de televisión

«La amabilidad es una chispa eléctrica de la vida que recorre todos los reinos y tiene una acción recíproca cuando se muestra a los otros. David tiene una notable capacidad para escribir desde el corazón, desde sus propias experiencias; cuando esto se combina con la evidencia científica, el resultado es un libro verdaderamente único. Como muestra la ciencia, en el cerebro ocurren cambios físicos cuando se expresa la amabilidad. David explica cómo esta amabilidad puede usarse para superar el estrés, la ansiedad y la depresión, y para fortalecer el corazón. En mi opinión, este libro es una lectura fascinante y esclarecedora para todas las edades. Me pareció un verdadero tesoro de comprensión y aplicación práctica».

Joe Hayes, graduado en Metafísica, en Astrología y en Física; presidente de The Claregate Trust

«Este libro tuvo un efecto poderoso en mi cuerpo, en mi mente y en mi corazón. Mientras lo leía, cada célula de mi cuerpo se encendía con calidez, alegría y felicidad. Este encantador libro transformará millones de vidas».

Gosia Gorna, autora del *The Expansion Game* [*El juego de la expansión*]

«El doctor David Hamilton posee el raro talento de hacer que la ciencia compleja sea fácil para cualquiera. A través de investigaciones científicas de vanguardia, que él trae a la vida con historias personales, nos enseña cómo los actos de amabilidad, brindados o recibidos, tienen un efecto directo que es mensurable y son capaces de influir en nuestra salud, nuestra felicidad, nuestras relaciones e incluso qué tan rápido envejecemos. En el contexto de la cultura global contemporánea, esta es una lectura necesaria, brillante, única y potencialmente transformadora de vidas. Al usar la amabilidad, como el alquimista, todos pueden obtener una pepita de oro de este libro».

Doctora Ann Hutchison, graduada en Medicina
y cirugía veterinaria

«Este es un libro raro. He pasado veinte años tratando de conectar al *individuo* con la *compañía*. He probado cada una de las técnicas de gestión de talento que existen. *Los cinco beneficios de ser amable* conectan los puntos. Si orientas lo que haces teniendo la bondad y la compasión como el eje, crearás un efecto dominó que beneficiará al *individuo* y a la *compañía* en igual medida. Este es un libro que puedes utilizar para abrazar, como lo llama David, al *espíritu de bondad*, un fenómeno científicamente comprobado que puede hacer una verdadera diferencia en tu salud y en tu felicidad, y en aquellos que son tocados por esta bondad. Es un libro verdaderamente inspirador y edificante. Lo recomiendo en todos los niveles».

Glen Hall, director general de Gosforth 22 y autor
de *The Last Druid* [*El último druida*]

«David Hamilton no solo es un hombre con una visión que abarca a toda la humanidad, sino que posee una excepcional formación científica para transmitir su mensaje con gran credibilidad y lucidez. Cuando esto se combina con la expresión de su profundo sentido de humildad y humanidad, como en este libro, tenemos el regalo de una mayor iluminación para ayudarnos a avanzar con un renovado sentido de coraje, cuidado, compromiso y esperanza».

Drew Pryde, presidente de The Scottish Institute
of Business Leaders

En la dulzura de la amistad, que haya risa y se compartan placeres. Porque en el rocío de las pequeñas cosas, el corazón encuentra su mañana y se refresca.

KAHLIL GIBRAN, *EL PROFETA*

ÍNDICE

INTRODUCCIÓN

Por qué la bondad es buena para ti fue mi cuarto libro, publicado en febrero de 2010. Un año más tarde escribí un blog para mi sitio web que se basaba en parte del contenido del libro, titulado *Los cinco beneficios de ser amable.*

Al igual que con todos los blogs que escribo, lo publiqué y luego lo abandoné. Sin embargo, unos años después comencé a consultar las estadísticas de mi web: cuántas personas visitaban mi sitio cada mes; qué páginas recibían visitas, etcétera. Noté que cada vez que publicaba un blog, la cantidad de visitas alcanzaba su punto máximo ese día, y decaía poco a poco en los siguientes días. Sin embargo, eso no había sucedido con *Los cinco efectos de ser amable,* que seguía recibiendo un gran número de vistas. De hecho, en los meses posteriores, el número de visitas había aumentado. En promedio, recibía alrededor de 1 000 visitas cada mes y durante cinco años se había convertido en el blog más visto de mi sitio web. Según los registros, personas de más de 150 países habían visitado la página e incluso añadían algunas imágenes para compartir en línea los efectos secundarios que experimentaban.

Fue entonces cuando decidí convertir esto en un libro. Había mucha más investigación científica en el área de la amabilidad* desde que escribí *Los cinco beneficios de ser amable*. De manera que contaba con una gran cantidad de información nueva en la cual podía basarme. Tomé alrededor de 10% del contenido de ese primer libro; lo reescribí, lo reestructuré, lo comprimí y añadí 90% de contenido nuevo. Este es el resultado.

En este libro aprenderás cómo la amabilidad altera el cerebro, dilata las arterias y reduce la presión arterial. También, que es un antídoto para la depresión y que retarda los siete grandes procesos del envejecimiento, incluso a nivel celular. Por último, aprenderás que todos estamos programados para ser bondadosos. A pesar de lo que te podrían haber dicho, no somos inherentemente egoístas; la verdad es que somos inherentemente amables o bondadosos.

Alguien me preguntó: «¿Por qué *efectos secundarios*? ¿Por qué no solo *los cinco beneficios de ser amable*?». La respuesta es que la frase *efectos secundarios* despierta más la atención de las personas. Además, por lo general, solemos relacionar los efectos secundarios con las secuelas negativas de los medicamentos. Como excientífico de la industria farmacéutica, se siente bien cambiar la connotación del término.

Por otro lado, un efecto secundario se produce *junto* con aquello que lo causa. Cuando intentamos ser amables, es posible que no esperemos que ocurra nada más, pero *sí* suceden muchas cosas.

Entonces, ¿cuáles son los cinco efectos secundarios de la amabilidad? Bueno, no quiero revelar demasiado y privarte de la diversión

---

* Nota del editor: Los términos amabilidad y bondad y sus derivaciones son intercambiables en este libro. Al final, se trata de ser una mejor persona. Disfrútalo.

de seguir leyendo, pero en pocas palabras, la bondad nos convierte en personas más felices; es buena para el corazón; frena el envejecimiento; mejora nuestras relaciones y es contagiosa. Estas son las cinco cosas que ocurren *junto* con los actos de bondad.

Hay un capítulo dedicado a cada uno de los beneficios o efectos secundarios. Aprenderás cómo y por qué sucede; la ciencia que lo demuestra; cómo se desarrolla en nuestra vida y cómo afecta a niños, adultos y personas mayores. A lo largo del camino encontrarás algunas historias de actos de amabilidad realizados por personas comunes y 50 sugerencias de actos de amabilidad que tú puedes llevar a cabo.

Además de consejos útiles para mejorar tu vida, incluyo algunos consejos sobre relaciones personales que surgen de una investigación. En ella los científicos observaron a las personas interactuar durante 15 minutos; luego, predijeron, con una precisión de más de 90%, si una relación resistiría o no la prueba del tiempo. Hay ciertas cosas que puedes hacer que garantizan que una relación dure. ¡Y, por supuesto, la amabilidad está involucrada!

En el aprendizaje de los cinco beneficios de la amabilidad suelen surgir algunas preguntas respecto a sus beneficios. Todas están dirigidas en la misma línea: «¿Por qué deberíamos buscar beneficiarnos de un acto de amabilidad? ¿Eso no nos hace egoístas en lugar de amables?».

Es un tema importante, ya que este libro trata sobre los beneficios que obtienes si eres amable. ¿La amabilidad se convierte en egoísmo si sabes que te beneficiarás de ella?

He encontrado que la respuesta no puede ser un simple *sí* o *no*. Depende. ¡En serio! ¿Qué estás haciendo?: *a)* tratas de beneficiarte (con tu amabilidad) siendo amable; o *b)* siendo consciente de que obtendrás beneficios de tu bondad, eres bondadoso porque eso es lo correcto.

La mayoría de las personas asume que la primera opción refleja una actitud egoísta. ¡Tal vez! Pero considero que no debemos contemplar las cosas con actitud maniquea a la hora de evaluarlas. Sugiero que haríamos bien en no juzgar tanto.

Antes de llegar a las conclusiones, veamos algunos escenarios. Ser bondadoso ayuda a aliviar la depresión; entonces, ¿qué sucede si sufres de depresión y decides participar como voluntario en una organización benéfica, sabiendo que eso te hará sentir mejor? ¿Eso te convierte en una persona egoísta o significa que buscas ayudarte a ti mismo?

¿Qué sucede si sabiendo que la empatía es mejor para tu corazón que juzgar a las personas, eliges escuchar a alguien? ¿Es una elección egoísta?

O si sabiendo que ayudar a alguien te hace sentir bien y esa conexión anima tu corazón, ¿decirías *abstenerte* de ayudarlo para que no se corrompa la pureza de tus motivos?

No es fácil, ¿cierto?

La gratitud también nos hace más felices. ¿Es egoísta, entonces, contar tus bendiciones o decir *gracias* porque hacerlo te hará sentir mejor?

El tema puede volverse bastante complejo, pero también podemos hacerlo sorprendentemente simple al ser amables de cualquier manera y dejar que otros sigan adelante a su manera. Esa es mi filosofía al respecto. Creo que podríamos quedar demasiado estancados cuando cuestionamos si estamos siendo egoístas o no. El tiempo que perdemos pensando en ello podríamos usarlo para ayudar a las personas.

Mi motivo para escribir este libro es crear un diálogo sobre la bondad, considerarla de maneras que no la hayamos pensado antes. Hablar de bondad nos motiva a ser bondadosos. ¡Pero hay ocasiones en que lo mejor es no hablar en absoluto, sino tan solo ser bondadosos!

Recuerdo que cuando Óscar, mi perro, estaba vivo, yo era muy consciente de que jugar con una mascota aumenta los niveles de la hormona oxitocina y que esto es muy bueno para el corazón. ¿Acaso jugué más con mi mascota porque lo sabía? ¿Estaba el pensamiento de ese beneficio en mi mente cuando Óscar me traía una pelota y me empujaba como pidiéndome que jugara con él? ¿Tú qué piensas?

A la hora de ser bondadosos o amables,, hay algo más que toma el control. Actuamos con bondad porque algo dentro de nosotros sabe que es lo correcto. Cualquier pensamiento acerca de los beneficios, o alguna otra razón, simplemente desaparece y lo reemplaza un sentimiento de conexión; un sentido de compasión; un deseo de dar alivio o ver a alguien sonreír (o ver la cola de un perro comenzar a menearse); así como un anhelo de saber que la persona que estamos ayudando estará bien.

La bondad es mucho más grande que cualquier palabra y pregunta que podamos hacernos en torno a ella. Es mucho más grande que nuestras filosofías y nuestros debates sobre si en realidad estamos siendo altruistas o egoístas. La bondad no es blanco ni negro; es multicolor.

De hecho, la bondad solo *es*. Tiene su propio y particular espíritu. Accedemos a este espíritu en el momento en que prestamos ayuda, ya sea con el mero hecho de mantener abierta una puerta para que alguien pase, con lo cual decimos: «Gracias, te valoro»; cuando compramos un regalo que sabemos que será recibido con gusto o cuando compartimos la carga de trabajo para ayudar a una persona a aliviar su estrés.

Algunos dicen que la bondad es una forma de autoconservación. De cierta manera, lo es: construye relaciones y, por lo tanto, fortalece la sociedad. Así que, por extensión, asegura nuestra protección, sí, pero no solamente nuestra supervivencia individual, sino colectiva.

Creo que nuestro mundo, desde el ámbito personal del hogar, los lugares de trabajo y las comunidades, hasta la sociedad en general, siempre se beneficia de la bondad.

Hace varios años, mientras experimentaba el apoyo de mamá y la bondad que ella mostraba con toda la familia, me di cuenta de que la bondad une a la gente.

La antropóloga cultural estadounidense Margaret Mead dijo una vez: «Nunca dudes de que un pequeño grupo de ciudadanos considerados y comprometidos puede cambiar el mundo; de hecho, es lo único que lo ha logrado».

Inspirado por estas palabras, formé mi filosofía rectora: un pequeño grupo de personas con compasión y bondad en sus corazones podría cambiar el mundo.

En este mundo moderno interconectado no hay actos aislados de amabilidad. Esta crea ondas en el tejido de las relaciones humanas. Estas ondas impactan en el corazón y la mente de las personas, quienes a su vez crean sus propias ondas. Cada acto de amabilidad en apariencia aislado importa más de lo que pensamos.

Buda dijo una vez: «Miles de velas pueden encenderse con una sola, y la vida de esta vela no se acortará. La felicidad nunca disminuye cuando se comparte».

Lo mismo sucede con la bondad: la noción de dar sugiere que ahora tenemos menos. Pero cuando damos bondad no tenemos menos, tenemos más. Esa es la *paradoja de la bondad*.

El espíritu de bondad también nos eleva... cuando dar no causa ningún estrés. Pero ¿y si lo hace?

«En verdad me molesta cuando no dicen gracias». «Nunca hacen nada por mí». Estos son sentimientos bastantes típicos. Hay dos cosas a considerar aquí.

Primero, no debemos agotarnos dando y dando, para que nuestra bondad sea recibida con expectativas o, peor aún, con ingratitud.

Todos merecen ser apreciados. Podríamos preguntarnos con razón si hay otras personas, en otros lugares, que podrían apreciarnos más, porque tenemos derecho a ello.

El segundo aspecto a considerar es que la bondad es menos estresante cuando no existen ataduras. El estrés se produce cuando esperamos algo a cambio y no lo obtenemos. Pero la tensión desaparece cuando no tenemos expectativas, cuando decidimos: «Esto es lo que soy: soy bondadoso» y dejamos las cosas así.

Estas dos consideraciones son irrelevantes para los individuos rodeados de personas agradecidas que, a su vez, son bondadosos con ellos; pero son relevantes para aquellos cuyos familiares, amigos, colegas... toman de ellos sin brindar ningún tipo de reconocimiento.

Debemos encontrar el punto de equilibrio para que nuestras necesidades se cumplan. Esto depende en realidad del contexto de nuestra vida: las personas y el ambiente que nos rodea; lo que hacemos; dónde trabajamos; nuestra salud mental, emocional y física. Y si nos sentimos sobrecargados y subestimados, debemos decidir aceptar más de lo mismo o si es el momento de un cambio. Necesitamos ser amables y bondadosos con *nosotros mismos*.

El mundo no es un lugar donde todos están contentos y satisfacen diariamente sus necesidades, así que requerimos amabilidad. Precisamos mostrar amabilidad hacia nosotros y los demás. Dependemos los unos de los otros. La amabilidad mantiene unido el tejido de la sociedad humana.

Crecí en una pequeña comunidad del centro de Escocia. Allí todos se ayudaban entre sí. Se cuidaban unos a otros. No era raro que un vecino tocara la puerta y pidiera una taza de azúcar; unas rebanadas de pan o un poco de leche. Este tipo de intercambios era lo que unía a nuestra comunidad.

La bondad nos beneficia a todos; es un hecho inevitable. Nos hace más felices; es una ganancia inmediata. También es buena para el corazón y mejora nuestras relaciones. Si vivimos una vida de bondad, miles de personas podrán beneficiarse de ella y nuestra vida no se verá acortada por ello. De hecho, se extenderá.

Mi consejo es ser bondadosos porque es lo correcto; porque alguien que conoces está sufriendo y necesita ayuda; porque un buen día se presenta ante ti una oportunidad fortuita; porque es agradable y hay algo en la naturaleza humana que disfruta de las conexiones que creamos al ayudarnos unos a otros.

Así que sigamos siendo amables y disfrutando de sus efectos secundarios.

PRIMER BENEFICIO

La amabilidad nos hace más felices

*Qué hermoso puede ser un día
cuando la amabilidad lo toca.*
GEORGE ELLISTON

Amabilidad: cualidad de ser amistoso, generoso y considerado.

Otros significados: bondad, compasión, gentileza, benignidad, cariño, benevolencia, humanidad, consideración, cordialidad, caridad, comprensión, conmiseración, buena voluntad, generosidad, altruismo, beneficencia, bienaventuranza.

Amabilidades: más de un acto de amabilidad.

Cuando bajé del tren en Edimburgo, vi a una mujer joven que luchaba por bajarse con dos maletas grandes y pesadas, y una gran bolsa. Tomé una de sus maletas y le dije que la acompañaría hasta su próxima plataforma. Cuando llegamos, había que bajar un montón de escaleras (y su maleta pesaba una tonelada), así que un empleado de la estación bajó la maleta por mí.

La mujer estaba muy agradecida y seguía diciendo que todos éramos tan amables, como si estuviera sorprendida de ver la amabilidad, así que me alegré de que estuviera teniendo una experiencia tan buena con extraños.

La ayudé a subir al tren. Ella me dio un fuerte abrazo y me dijo: «¡Dios te bendiga!».

Yo estaba muy conmovida por lo sucedido. Dos extrañas en un tren vacío, abrazándose y sin poder dejar de sonreír. Para mí, no hay nada mejor que ayudar a alguien.

¡La afortunada había sido yo!

Ems

«¿Por qué no pueden esperar como hacemos todos los demás?», grité mientras un auto que circulaba por el carril interior se colaba por delante de mí.

Me hacía sentir tan furiosa. Siempre sucedía en el mismo tramo del camino. Cada vez que me encontraba al frente de la fila y sospechaba que un auto en el próximo carril intentaría hacer algo así, ya tenía el pie en alto, lista para dejarlo caer sobre el acelerador de manera que el conductor no pudiera colarse y recibiera «una lección».

«¡Ja! ¡Así aprenderá!», proclamaba, con el corazón acelerado y mis ojos a punto de reventar.

Sin embargo, un día, mientras esperaba en la fila, llegó un automóvil en el siguiente carril con la direccional encendida y la esperanza de que alguien le permitiera entrar. Cuando el semáforo se puso en verde, los dos autos que estaban frente a mí aceleraron intencionalmente para no dejarlo pasar.

Pero en el momento en que estuve a punto de hacer lo mismo, mi pie se aflojó sobre el acelerador. Me di cuenta de que no quería estresarme. Estaba cansada de eso. Me sentía tranquila ese día y quería seguir así. No quería que mi presión arterial aumentara ni que mis niveles de rabia llegaran a su punto más alto. Entonces, le hice un gesto al conductor para indicarle que estaba bien, que podía pasar delante de mí.

¿Y sabes qué? Me sentí bien, ¡de inmediato! Era mucho mejor que sentir que mi cabeza estallaría presa de la exasperación.

Entonces el sujeto del otro auto encendió sus intermitentes como señal de agradecimiento. ¡Esto me hizo sentir aún más fantástica!

Desde entonces, he dejado que todos pasen frente a mí en esa glorieta. No es gran cosa en el gran esquema de las cosas, y me siento un millón de veces mejor.

Elisa

Tal vez la mayoría de nosotros podrá reconocerse en estas historias. La ira nos estresa. La amabilidad, en cambio, nos hace sentir bien.

Hazte rico rápido

Una de las cosas más sabias que Elizabeth, mi pareja, me ha dicho es: «Ser amable te hará rico... en felicidad».

¡Es verdad!

Es un efecto secundario.

Los sentimientos que surgen en nuestro interior cuando somos testigos de la bondad o algún otro acto de belleza moral, o cuando damos o recibimos bondad, producen una serie de beneficios positivos para nuestra salud. Más adelante profundizaremos al respecto. Por ahora, concentrémonos en cómo y por qué la bondad nos hace más felices.

Esa bondad nos hace más felices de acuerdo con la experiencia cotidiana de personas como tú y como yo, pero también es la conclusión de un gran cúmulo de investigaciones científicas.

En un estudio dirigido por Sonja Lyubomirsky, profesora de psicología en la Universidad de California en Riverside, por ejemplo, se pidió a los voluntarios que realizaran cinco actos de bondad por semana durante un mes y medio. Estos voluntarios fueron comparados con un grupo de control, integrado por personas que no eran intencionalmente bondadosas.

Los diferentes actos de bondad que los voluntarios realizaron fueron donar sangre; pagar el estacionamiento de alguien llenando el parquímetro; ayudar a un amigo con algún trabajo; visitar a un pariente anciano y escribir una carta de agradecimiento.

Lyubomirsky descubrió que las personas que habían llevado a cabo actos de bondad se sentían más felices que las que no lo habían hecho. Y resultó que la felicidad era mayor cuando los cinco actos se llevaban a cabo en el mismo día.[1]

ACTO DE AMABILIDAD

Ofrécete a llevar las bolsas de las compras
de una persona mayor.

En otro estudio de seis semanas se dividió a casi quinientas personas en cuatro grupos. Se pidió a dos de los grupos que realizaran actos de amabilidad: uno lo haría para los demás; el otro, para el mundo (por ejemplo, recoger basura). Al tercer grupo se le pidió que realizara actos bondadosos para sí mismos (por ejemplo, darse un gusto). El cuarto grupo no llevó a cabo ningún acto de amabilidad, a efectos de comparación.

Se midió el bienestar psicológico y emocional de cada persona antes y después del estudio.

Después de las seis semanas, quienes habían sido amables con los demás y con el mundo se sentían más felices. Por otro lado, aquellos que habían sido amables consigo mismos no presentaron ningún cambio significativo en su sentimiento de felicidad, lo que podría ser una sorpresa para algunos.[2]

En un estudio similar se pudo observar que las personas que, en respuesta a preguntas de carácter general que cubrían diferentes escenarios, enumeraban actos como «ofrecí mi tiempo como voluntario»; «ofrecí dinero a una persona necesitada» o «escuché con atención el punto de vista de otra persona» se sentían más felices, más satisfechas con su vida y experimentaban mayor bienestar en comparación con las personas que habían estado más centradas en sí mismas.[3]

Científicos de la Universidad de British Columbia, en Canadá, solicitaron a 632 personas que realizaran durante un mes un registro diario de en qué habían gastado su dinero: desde el pago de facturas, compras, almuerzos, hasta donaciones a organizaciones benéficas y a personas. Los resultados arrojaron que aquellos que habían gastado dinero en otras personas eran más felices.

En otra parte del mismo estudio los voluntarios recibieron cinco o veinte dólares. A una mitad se le pidió que gastara el dinero durante el día en otras personas; a la otra, en ellos mismos. Al final del día, sin importar cuánto dinero hubieran recibido, aquellos que habían gastado el dinero en los demás se sentían más felices.[4]

Es bastante natural que cuando estamos tristes nos centremos en nosotros mismos y, tal vez, hasta nos hacemos algún regalo con la esperanza de sentirnos mejor. Aun cuando a menudo lo consigamos —y esto puede ser importante para desarrollar nuestra autoestima—, estas investigaciones demuestran que, en realidad, una mejor opción podría ser ayudar a otros o hacer algo bueno por el mundo.

ACTO DE AMABILIDAD

Permítele a alguien que pase antes que tú
en la fila del supermercado.

Esto nos lleva de regreso a la cuestión moral que planteé en la introducción. ¿Está mal ayudar si, en parte, la razón de hacerlo es sentirte mejor?

Yo diría que si alguien se beneficia de tu ayuda, entonces no está mal. En parte, tu motivación se debe a que tú también necesitas ayuda, así que ambos *se ayudan mutuamente.*

Cuando ayudamos a otros, a veces lo que anhelamos es la conexión, y esa conexión es lo que crea felicidad.

Uno de los mayores placeres que he experimentado fue ayudar a Óscar. Era un labrador amarillo, lleno de vida y felicidad. Falleció en noviembre de 2014 a la edad de dos años. Tenía cáncer de huesos e hicimos todo lo posible para ayudarlo. Es difícil expresar con palabras la sensación de conexión y felicidad —sí, felicidad, aunque temíamos que estuviera muriendo— que venía de darle todo lo que él quería y lo hacía feliz: juguetes, comida, paseos, juegos. Cuando él sonreía —sí, Óscar sonreía, y mucho— y movía la cola con fuerza, nuestro corazón simplemente se llenaba de alegría.

Mostrarle amor, bondad y afecto cada día me liberó del miedo de perderlo. Fue un momento difícil, pero la felicidad de haberlo amado fue una recompensa que quedó grabada en mi corazón y es un regalo que todavía disfruto cada vez que pienso en él.

Amabilidad hacia nosotros mismos

De acuerdo con los estudios citados anteriormente, las personas se sienten más felices cuando son bondadosas con los demás y no consigo mismas, o cuando ofrecen dinero a otros en lugar de gastarlo en beneficio personal. Con esto no debe entenderse que consentirnos a nosotros mismos *no* puede hacernos sentir mejor. Según mi experiencia sí nos hace más felices a corto plazo, si solo lo hacemos como una declaración de amor propio. Tiene que ser una declaración de que las necesidades personales son importantes.

Es especialmente poderoso cuando hemos estado descuidando nuestras propias necesidades por algún tiempo.

Esto lo aprendí de los participantes del taller realizado después de escribir mi último libro, *I Heart Me: The Science of Self-Love* [*Lo que me gusta de mí: un libro para aprender a quererte*]. Los participantes que se consintieron intencionalmente, como una declaración de que son importantes o lo suficientemente buenos, dijeron sentirse más felices y haber elevado su autoestima.

Comúnmente suele pensarse que la bondad con uno mismo es un acto egoísta, que estamos colocando nuestras propias necesidades por encima de las de los demás. Pero no es tan blanco y negro.

Ser bondadosos con nosotros mismos es mucho más que comprarnos regalos o consentirnos de alguna otra manera. Puede consistir en reconocer el límite que hemos alcanzado frente a determinadas circunstancias y tener la determinación para que las cosas cambien. O en darnos cuenta de que merecemos algo mejor y valorarnos lo suficiente para tomar decisiones al respecto.

La bondad hacia nosotros mismos también se demuestra en la defensa y el cuidado propios cuando exigimos ser tratados con bondad y respeto. Asimismo puede demostrarse en la decisión de ser nosotros mismos y no la persona que todos esperan que seamos.

Estas formas de ser bondadosos con nosotros mismos nos hacen más felices, de acuerdo con mi experiencia. Producen una sensación de autocontrol, lo cual es un factor importante para la felicidad. Además, aumentan nuestra autoestima.

Un estímulo a la autoestima

La bondad nos hace a todos más felices, pero puede hacer que algunos de nosotros seamos *muy* felices. Este fue el resultado de algunas investigaciones publicadas en el *Journal of Happiness Studies* que involucraron a 119 mujeres japonesas (71 en un grupo de bondad y 48 en un grupo de control, para establecer la comparación).

A diferencia de otros estudios sobre la bondad, en los que se pide a las personas llevar a cabo actos de bondad o amabilidad, en este caso se les pidió a las mujeres que observaran su comportamiento y registraran la cantidad de actos de bondad que hacían cada día y en qué consistían. En efecto, ellas debían *contar* sus bondades.

Por simple que fuera, *contar las bondades* tuvo un gran impacto en la vida de estas mujeres: básicamente todas se sintieron más felices. Incluso para 20 de ellas (alrededor del 30% de las 71 que formaban el grupo de bondad), el ejercicio tuvo un efecto aún significativo: se volvieron *mucho* más felices.

Creo que esto se debió a que se estimuló su autoestima. He notado esto cuando aliento a las personas a que intenten hacer este ejercicio. Cuando cuentan sus bondades, muchas de ellas llegan a la conclusión de que son mucho más bondadosas de lo que pensaban, y se dan cuenta de que contribuyen más a la vida de otras personas de lo que antes imaginaban. Para algunas, esto es un estímulo para sus necesidades de autoestima y, como resultado, tienen un mayor sentido del valor y el propósito.

En una ocasión, un hombre me contó que siendo más joven le habían dicho que no era una buena persona. De alguna manera, se había quedado con esa idea; sin embargo, cuando hizo este ejercicio se sintió bastante abrumado al constatar que hacía más por un mundo mejor de lo que había pensado. «Los pequeños detalles fueron los que aparecieron en grandes cantidades —comentó—, lo que hizo la gran diferencia».

ACTO DE AMABILIDAD

*Compra un boleto de estacionamiento adicional y déjalo
en el parquímetro para que la próxima persona lo encuentre.*

Cuando pensamos en actos de bondad, quizá imaginemos que debemos hacer algo grande, significativo y notable que, tal vez, requiera incluso cierta planificación; sin embargo, para el hombre citado en el ejemplo anterior fue la comprensión de que cada día está lleno de docenas de pequeñas bondades lo que hizo la gran diferencia: mantener una puerta abierta para que alguien pase; escuchar; recoger un bolígrafo que ha caído; sonreír; asentir con la cabeza para hacer que alguien se sienta valorado. Para él, estas fueron las bondades que más significado tuvieron.

Dar hace felices a los niños

Mi hermana Lynn, seis años menor que yo, me inspiró cuando era una niña. A menudo me conmovía su disposición a darme a mí o a alguna de mis otras hermanas todo lo que tenía: dulces, juguetes; incluso, dinero.

La bondad de los niños es algo que los científicos han estudiado mucho. Una investigación realizada en la Universidad de British Columbia, en Canadá, se enfocó en lo que sucedía cuando los niños menores de dos años regalaban juguetes o dulces.

Dos asistentes entrenados observaron a los pequeños y usaron sus expresiones faciales y otras indicaciones para evaluar qué tan felices parecían estar. Una sonrisa era registrada como positiva, mientras que el ceño fruncido era negativo, por ejemplo.

Eso es algo que a menudo se utiliza en las investigaciones para estudiar el comportamiento moral de los niños en condiciones controladas; se les ponía a jugar con un títere, y durante el juego, ocasionalmente se les daban golosinas. La pregunta era: ¿serían más felices al recibir las golosinas o al entregarlas al títere? ¡Adivinaste! Eran más felices cuando le daban golosinas al títere que cuando las recibían. Incluso cuando renunciaban a la posibilidad de recibir un dulce para que el títere lo recibiera.[5] ¿Qué nos dice esto? A los niños les gusta recibir. Por supuesto. Pero también les gusta dar.

Recuerdo que en una Navidad, cuando era niño, escuché a mamá decir que le gustaba más dar regalos que recibirlos. No pude entenderlo: a mí me encantaba recibir regalos en Navidad. Apenas conseguía dormir la noche previa por pura emoción.

Sin embargo, uno de los recuerdos más significativos de mi infancia, uno que me llenó de verdadero placer, fue darles regalos a mamá y papá. Un año le di a mamá una barra de chocolate Flake de Cadbury que había comprado con mi propio dinero y a papá le di media docena de sus propias fichas de dominó envueltas en un pedazo de papel. Tal vez solo tenía alrededor de cuatro años en ese momento.

Cada vez que hemos traído a la memoria ese recuerdo, mamá siempre ha insistido en que «la intención es lo que cuenta». Lo que importa no es tanto lo que das, sino la *intención* que hay detrás del hecho. Y porque estás dando algo, la intención siempre será de bondad.

La amabilidad puede reducir la ansiedad social

La ansiedad social es la preocupación o el miedo de encontrarse en ciertas situaciones. Puede erosionar nuestra confianza y felicidad. Nos preocupa no ser capaces de mantener una conversación, ponernos nerviosos, sudar, sonrojarnos, ser avergonzados, humillados o rechazados. Nos preocupamos demasiado por lo que la gente podría pensar sobre nosotros. Incluso podemos ponernos nerviosos ante la sola *idea* de tener que enfrentar determinadas situaciones.

ACTO DE AMABILIDAD
Paga un par de boletos extra en el cine y pídele a la persona de la taquilla que se los entregue a alguien que crea que en verdad los apreciará.

Mi amigo John sufría de ansiedad social en la escuela. Parecía bastante feliz cuando estaba con amigos cercanos o personas con las que se sentía seguro, pero si había más gente alrededor, sobre todo ante la *multitud*, se quedaba muy callado.

Recuerdo que una vez me ayudó con mi tarea de inglés y me explicó el significado de algunas palabras que yo no entendía. Él era inteligente. Pero la ansiedad que le provocaba estar rodeado de gente lo hacía cada vez más retraído. Los niños lo molestaban tanto (recuerdo uno que lo llamaba *fracasado* en lugar de John) que abandonó la escuela a la primera oportunidad. A menudo me pregunto qué fue de él.

Mucha gente experimenta ansiedad social y esto puede afectar su felicidad porque: *a)* en gran medida, la felicidad proviene de la interacción con las personas; *b)* pasan mucho tiempo enfocadas en el miedo que les causa estar en ciertos lugares. Sin embargo, investigaciones científicas recientes indican que la amabilidad es una intervención muy poderosa para las personas con ansiedad social.

En un estudio de cuatro semanas realizado en la Universidad de British Columbia, 142 voluntarios con altos niveles de ansiedad social fueron asignados al azar para realizar actos de bondad, participar en experimentos de comportamiento o estar en un grupo de control. Al inicio y durante las cuatro semanas que duró el estudio, los voluntarios informaron sobre su estado de ánimo, niveles de ansiedad y actividades sociales.

Aquellos que formaron parte del grupo de bondad experimentaron mejorías significativas en sus emociones positivas, incluso después de transcurridas las cuatro semanas. No solo se sintieron más felices, sino que sus relaciones mejoraron; se volvieron más seguros y confiados, y tendían a evitar determinadas situaciones sociales con mucha menor frecuencia. La bondad los había hecho más felices y sentirse más cómodos socialmente.[6]

Un antídoto para la depresión

Margaret McCathie sufría de depresión. «Me sentía muy mal y tuve algunos intentos de suicidio», relataba.

Una vez me mantuvieron encerrada en un pabellón durante un mes. El personal no era muy agradable ni amable. ¡No había compasión en absoluto! Creo que en general se malentiende lo que significa salud mental.

Me dieron terapia electroconvulsiva. No funcionó. Creo que empeoró mi mal.

Un día decidí que no podía soportar más y me arrojé de una cascada a un caudaloso río. Pero mi trasero se atoró entre dos rocas ¡y eso me impidió ahogarme!

Al recordar el incidente, literalmente, Margaret estalló en una carcajada. La risa venía del hecho de que ella se encuentra en un lugar muy diferente hoy.

«¿Qué pasó? ¿Qué te ayudó a salir de tu depresión?», le pregunté.

Había visto la película Patch Adams, *protagonizada por el fallecido Robin Williams en el papel de Patch, «el médico de la risa». Él trata la depresión con la risa. Así que le envié a Patch un fax para preguntar si podría ir a su hospital, en Estados Unidos: The Gesundheit! Institute.[7]*

Patch envió un fax de respuesta el mismo día. ¡El mismo día! Esto fue en 1999, y explicó que el instituto aún no se había construido. El consejo que me dio en su lugar fue: «Sal a darles servicio a los demás y observa cómo tu depresión se disipa».

En un mes ya tenía una gran mejoría. El solo hecho de saber que le había importado a Patch, su bondad, hizo una gran diferencia en cómo me sentía.

Seguí su prescripción: decidí servir a los demás. Mi esposo Kenny y yo dedicamos varias horas al mes a hacer trabajo caritativo. Hicimos «Befriending»* y ayudamos a personas con problemas de salud mental acompañándolos como amigos. También hicimos otros trabajos de caridad. En mi vida diaria, tan solo aproveché las oportunidades para ayudar a cualquier persona que lo necesitara.

Todo esto ayudó. El amor, el apoyo de los seres queridos y la bondad hacia mí y de mí, jugó un papel importante para sacarme de la depresión.

Hoy, varios años después, Margaret es más que extraordinaria. Trabaja como voluntaria en una organización benéfica para el cáncer

---

* N. de la T.: Una intervención o servicio de *befriending* (en inglés el término significa «hacer amigos») consiste en ofrecer apoyo y compañía periódica como voluntario dentro de algún programa, por lo general, a personas con algún problema de salud mental.

una vez por semana y organiza talleres en prisiones. También organiza talleres para el público en general, en los que ayuda a las personas a descubrir sus *maravillas*. De acuerdo con su experiencia, bondad equivale a felicidad.

Con la depresión tendemos a encerrarnos en nosotros mismos. Lo entiendo bien porque lo he sufrido en mi propia vida. Centrarse en el exterior, en ayudar a los demás, va en contra de la lógica. La idea de asistir a otras personas cuando tú eres el que necesita ayuda no tiene sentido en un principio. Pero cuando miramos hacia el exterior, hacia el sufrimiento o las necesidades de los otros, nuestra tendencia natural de preocuparnos por los demás cobra vida y la carga de la depresión puede disiparse gradualmente.

En este punto, preguntarnos si es egoísmo ayudar a los demás a ser más felices se convierte en un asunto sin importancia. Intenta decirle a una persona que sufre de depresión que al ayudar a otros está siendo egoísta. Ciertamente no lo verá de esa manera, ¡tampoco le importa! Hará cualquier cosa para encontrar una manera de salir de la oscuridad. Y la bondad es una de ellas.

ACTO DE AMABILIDAD
Deja algo de dinero con el cajero de una cafetería y pídele al gerente que lo use para pagar los cafés que alcance.

Un subidón legal

La ciencia está totalmente de acuerdo con Margaret en que la bondad del voluntariado, del servicio, de ayudar a los otros nos hace más felices. De hecho, muchas personas se enorgullecen de hacer buenas obras para los demás. Incluso se le ha llamado «el subidón del ayudante», un término acuñado por Allan Luks en su libro, publicado en 1979, *The Healing Power of Doing Good* [*El poder curativo de hacer el bien*].

A continuación se muestran los resultados de una gran encuesta realizada por Luks, en Estados Unidos, sobre hábitos de salud, felicidad y voluntariado.[8]

Porcentaje de un total de 3 296 personas	Cómo se sintieron cuando ayudaron a alguien
95%	Se sintió bien.
80%	Tuvo sentimientos positivos que permanecieron por horas (o días) después.
57%	Tuvo un incremento de su autoestima.
54%	Tuvo un sentimiento inmediato de calidez.
53%	Se sintió más feliz y optimista.
29%	Tuvo más energía.
21%	Se sintió eufórico.

En esencia, Luks demostró que la amabilidad nos hace más felices.

Parte de la razón por la que he escrito este libro es que, si bien la mayoría de las personas lo experimentan, sorprendentemente, pocos establecen una conexión entre amabilidad y felicidad, y entienden que van de la mano.

He preguntado a varias personas por qué llevan a cabo actos bondadosos. Una de las respuestas principales que recibo (y, por lo general, viene acompañada de un encogimiento de hombros) es: «Porque sí». La bondad resuena tan profundamente en nosotros que ni siquiera pensamos en mostrarla. Es un sentimiento interno que dice: «¡Sí! Así es como debe ser».

Ese *deber ser* de la bondad y nuestra conexión con ella es lo que nos hace sentir tan bien. No se trata de un sentimiento subjetivo: las investigaciones sugieren que la amabilidad cambia nuestra química cerebral. Aumenta los niveles de dopamina y serotonina, los mensajeros químicos involucrados en las emociones positivas. También produce oxitocina, la «hormona de vinculación» (podrás leer más al respecto en el siguiente capítulo). Incluso produce endorfinas, las versiones naturales del cerebro de la morfina y la heroína. La amabilidad en verdad nos brinda un subidón totalmente legal.

Hay todavía más beneficios y leerás en este libro sobre muchos de ellos. Al resumir gran parte del estudio anterior y algunas de sus propias observaciones personales, Allan Luks notó que los *ayudantes* tenían menos resfriados, menos migrañas, dormían mejor y se sobrepasaban menos con la comida. Los enfermos de lupus que ayudaban a otros tenían menos dolor. Los enfermos de asma sentían cierto alivio de sus síntomas. Incluso algunos pacientes que habían tenido cirugía se recuperaban más rápidamente.

El cuerpo humano está acondicionado para la bondad. Por esta razón es beneficiosa para nuestra salud y nos hace sentir bien. Más adelante te mostraré cómo y por qué sucede esto. Por ahora, hablemos un poco más sobre cómo la bondad nos hace más felices.

Tratamiento moral

Como nos mostró la experiencia de Margaret, la bondad puede ayudar a aliviar la depresión. El tratamiento que más se receta para esta enfermedad en nuestro mundo moderno es farmacéutico, pero no siempre fue así. La bondad ha sido el tratamiento para la depresión y otros trastornos psiquiátricos durante mucho más tiempo.

El «tratamiento moral» comenzó en el Reino Unido en 1796, cuando el cuáquero William Tuke fundó el Retiro de York en Lamel Hill, York. Treinta pacientes deprimidos vivían allí como parte de una pequeña comunidad. Ellos no recibían medicación ni técnicas terapéuticas convencionales, sino que se les alentó a que cultivaran una fortaleza moral. La clave para su recuperación fue el servicio a los demás en el retiro.

El tratamiento fue tan exitoso que se extendió a Estados Unidos y se generalizó en las décadas de 1820 y 1830. Los psiquiatras estaban tan convencidos del poder del servicio que creían que los métodos conducían a «cambios orgánicos en el tejido cerebral».[9]

Este conocimiento ha sido en gran parte olvidado y en la actualidad la medicina convencional lo ignora . Creo que nuestra sociedad estaría mejor si lo reaviváramos. No estoy sugiriendo que hagamos a un lado los tratamientos farmacéuticos y de otro tipo, pero si a los estudiantes de medicina y a los médicos se les enseñara que la bondad puede curar el corazón y la mente; si las personas que sufren de depresión supieran que les ayudaría a aliviar algunos de sus síntomas, creo que muchos pacientes se beneficiarían de una *receta de bondad* como plan de acción principal, o al menos como una práctica a realizarse en conjunto con otro tratamiento.

Por fortuna, algunos estudios modernos están resucitando este conocimiento e incluso está llegando a niveles gubernamentales. En 2008 la Oficina de Ciencia del Gobierno del Reino Unido publicó el «Proyecto de Previsión del Capital Mental y Bienestar», en donde se concluye que una de las cinco formas de bienestar mental es la que a continuación se cita:

*Da... Haz algo bueno por un amigo o por un extraño. Agra-
décele a alguien. Sonríe. Ofrece voluntariamente tu tiempo.
Únete a un grupo de servicio comunitario. Mira tanto hacia
fuera como hacia dentro. El ver que tú y tu felicidad están vinculados a la comunidad puede ser increíblemente gratificante
y crear conexiones con las personas que te rodean.*[10]

En otras palabras: sé *amable*.

Un tónico para personas mayores

La amabilidad es un gran tónico para las personas mayores. Un
estudio de la Universidad de Texas examinó los hábitos de salud
mental y voluntariado de 3 617 adultos mayores de 25 años. Descubrieron que los que se ofrecían como voluntarios tenían menos síntomas de depresión que aquellos que no lo hacían. Más
aún, uno de los hallazgos clave del estudio fue que el efecto an-
tidepresivo era incluso más intenso en adultos mayores de 65
años.[11]

ACTO DE AMABILIDAD
*Dile a alguien en una tienda o restaurante que está
haciendo un gran trabajo.*

En un estudio de la Universidad de Wisconsin, los investigadores
examinaron datos sobre los hábitos de voluntariado y la salud de
373 personas, cuyas edades se encontraban entre 65 y 74 años, que
habían sido recogidos en la Encuesta Nacional de Desarrollo de la
Mediana Edad, realizada en 1995, en Estados Unidos. También ellos
encontraron que los que trabajaban como voluntarios reportaban un

menor índice de depresión y más emociones positivas que aquellos que no lo hacían.[12]

Además, un estudio de personas mayores de 85 años encontró una fuerte conexión entre el altruismo (es decir, la preocupación desinteresada por el bienestar de los demás) y la felicidad. Al estudiar las respuestas de 366 personas a afirmaciones como «pongo las necesidades de los demás antes que las mías», se encontró que los más altruistas eran los más felices y quienes presentaban menos síntomas de depresión.[13]

Por supuesto, ser altruista y poner las necesidades ajenas por encima de las nuestras no implica descuidar las propias necesidades. No se trata de decir «estas personas son más importantes que yo». El altruismo tiene sus raíces en reconocer que estamos bien, no en negar que somos tan merecedores como los demás. Lo primero construye la autoestima, lo segundo la erosiona. Es importante estar consciente de esto.

A medida que envejecemos, la experiencia nos enseña que el altruismo conduce a la felicidad. Aprendemos una y otra vez lo bien que se siente; lo positivo de asistir a las personas y la importancia de continuar haciéndolo. Para muchos, ayudar a los demás es lo que da sentido a su vida. Le da un propósito.

De hecho, se ha demostrado que en las personas mayores la bondad incrementa la voluntad de vivir. Un estudio comparó a voluntarios mayores de 65 años con personas jubiladas del mismo grupo de edad que no hacían un trabajo como voluntarios. Quienes participaban en algún tipo de voluntariado se encontraban mucho más satisfechos con su vida; tenían menos síntomas de depresión, ansiedad y somatización (donde los estados psicológicos se expresan en el cuerpo como síntomas físicos), y una mayor voluntad de vivir.[14]

Esto es importante porque algunas personas que llegan a la jubilación ya no se sienten útiles. A menudo pierden las conexiones que disfrutaban con sus compañeros de trabajo y amigos. Este tipo de investigaciones puede alentar a las personas mayores que se sienten así a aproximarse a los demás, así como a volver a crear el tan necesario contacto social.

Sal de tu zona de confort

He estado escribiendo y hablando sobre la bondad durante años. A veces sugiero a las personas que se obliguen a salir de su zona de confort en sus intentos por ser bondadosos. Estos esfuerzos con frecuencia traen grandes recompensas. A veces me sucede lo mismo.

Por ejemplo, hace algunos años supe que el señor Hooks, uno de mis profesores de primaria, quien me había dado clases cuando yo tenía 11 años, todavía trabajaba en la misma escuela. En ese entonces era profesor de mi sobrina Ellie. Un día que acompañé a mi mamá a recogerla, me ayudó a que pudiera entrar a verlo.

Recuerdo que me sentía muy nervioso, como si fuera un niño de 11 años otra vez. ¿Se acordaría de mí el señor Hooks? Por supuesto que no. Habían pasado más de 30 años desde que había estado en su clase. Pero cuando el director nos presentó y el señor Hooks escuchó mi nombre, se acordó de mí y de lo bien que me iba en matemáticas. Entonces me armé de valor para decirle por qué estaba allí. Le agradecí por ser tan buen profesor y por haberme inculcado el amor por las matemáticas y la ciencia. Le agradecí por haberme permitido trabajar a mi propio ritmo en matemáticas. Yo era un poco *nerd* en ese entonces: solía llevar a casa mi libro de texto de matemáticas y trabajar por la noche con ejemplos y problemas adicionales. Ahora le estaba agradeciendo al señor Hooks que me hubiera dado la libertad para hacerlo.

También le conté lo bien que me había ido en la universidad y cómo había trabajado como científico. Le dije que me alegraba haberlo tenido como profesor. Le comenté que él me había ayudado a moldear las decisiones de aprendizaje que había tomado y, en los últimos tiempos, la dirección que había tomado en la vida. Le entregué entonces una copia firmada de mi último libro.

Hasta ese momento no estaba seguro de cómo se sentía él. Un poco desconcertado, tal vez. Incluso tuve la sensación de que se encontraba un poco avergonzado y no sabía cómo responder. Me presentó a su grupo como un antiguo alumno y luego conversamos un poco sobre su próxima jubilación.

Alrededor de un mes más tarde me envió un correo electrónico después de pasar unas vacaciones familiares en Canadá. Una noche, durante la cena, le había contado a su familia sobre mi visita. Escribió que se había sentido como el «rey del castillo» y que todos estaban muy impresionados. Y agregó que le había conmovido mucho saber que había ejercido una influencia tan positiva en la vida de un estudiante.

Te comparto este ejemplo personal no porque quiera impresionarte, sino para hacerte ver que a veces la amabilidad en verdad importa a las personas que ayudamos.

Me encontraba fuera de mi zona de confort cuando fui a reunirme con el señor Hooks, pero valió la pena. Además de hacer que él se sintiera bien, este acto de amabilidad elevó mi espíritu durante los días posteriores. Aunque no lo hice por eso; más bien esperaba que esto ayudara a alegrar el día del señor Hooks. Sin embargo, me hizo sentir bien de cualquier forma.

Entonces, ¿qué hay de tu propia vida? ¿Cómo puedes dejar tu propia zona de confort y ser bondadoso?

ACTO DE AMABILIDAD

*Cuando alguien te cierre el paso con su auto, sonríe
y salúdalo ondeando la mano.*

Cambios físicos en el cerebro

A algunas personas les gusta meditar sobre la bondad. Los budistas son fanáticos de esto. La meditación de la bondad amorosa es un ejercicio budista que nos ayuda a desarrollar nuestro sentido de bondad y compasión. Los budistas lo han practicado durante siglos, pero en los últimos tiempos ha recibido atención en Occidente y se ha estudiado debido a sus efectos beneficiosos para la salud.

Algunas investigaciones sugieren que esta práctica genera cambios físicos en el cerebro, en el lado izquierdo de la corteza prefrontal (el punto por encima de nuestros ojos), que a menudo es considerado como la sede de la positividad y la compasión, y en la región conocida como la corteza insular o ínsula, que es el centro de la empatía.

Detente y piensa por un momento: no estamos hablando simplemente de cómo la bondad nos hace sentir bien, sino de los *cambios físicos* que se generan en el cerebro cuando pensamos en ser bondadosos y compasivos. Esto estimula sentimientos de bondad y compasión, y nos lleva a tomar la acción apropiada.

Una historia cuenta que unos científicos de Estados Unidos viajaron a un monasterio budista tibetano para estudiar el cerebro de los monjes que practicaban la meditación. Cuando conectaron el aparato de estudio al órgano de los monjes, no lograban obtener una lectura correcta. El indicador parecía atascado. Suponiendo que el equipo se había dañado durante el viaje, los científicos se pusieron en contacto con la universidad de su país para que les enviaran las piezas de repuesto a Tíbet.

Sin embargo, el nuevo equipo funcionó de la misma manera. Uno de los científicos lo probó conectándolo a su propio cerebro, y notaron que el indicador del aparato no estaba atascado. Había dado esa impresión porque la potencia de salida del cerebro de los monjes era tan alta que había *atascado* el indicador al máximo. Para obtener una lectura adecuada, los científicos tuvieron que recalibrar su equipo.

Supusieron que estos indicadores elevados se debían a una conexión densa en diferentes partes del cerebro como resultado de la práctica de la compasión.[15]

También era notable que los monjes parecían estar muy felices y reían mucho.

ACTO DE AMABILIDAD

Haz por alguien alguna actividad que sabes que odia hacerla.

En Occidente, la meditación de la bondad amorosa ha sido ahora ampliamente probada en cuanto a cualidades que inducen alegría y deleite. Uno de estos estudios fue dirigido por la psicóloga Bárbara Fredrickson, de la Universidad de Carolina del Norte, en Chapel Hill, e involucró a 139 personas que realizaron la práctica diariamente durante siete semanas.

Los resultados fueron bastante sorprendentes. Hubo un incremento en las experiencias de emociones positivas que incluían amor, deleite, gratitud, satisfacción, esperanza, orgullo, interés, diversión y asombro. Como consecuencia, los participantes sentían más optimismo; tenían más claros sus propósitos; experimentaban más autodominio; disfrutaban de una mejoría en la calidad de sus relaciones; una mejor salud y un mayor sentido de satisfacción con la vida.

Otro beneficio de la práctica fue que las experiencias positivas a su vez generaban mayor positividad; es decir, las emociones positivas experimentadas después de cada semana de meditación aumentaban en las sucesivas prácticas. En la primera semana, por cada hora de meditación, el aumento en las emociones positivas fue de 0.06 unidades, un indicador de cambios físicos en el cerebro; después de siete semanas de práctica, una hora de meditación equivalía a un aumento de 0.17 unidades.[16]

Realizar este tipo de meditación facilitó la práctica de la bondad y la compasión y, a su vez, los participantes obtuvieron bastantes beneficios. La clave de ellos fue que los sentimientos producidos por la bondad y la compasión causaron cambios físicos en el cerebro.

La compasión aumenta la felicidad

El que tiene misericordia de los pobres es bienaventurado.
Proverbios 14:21

La compasión es como adentrarse en el sufrimiento del otro, compartirlo con él y desearle alivio. Viene justo antes de la bondad.

Me imagino la evolución de la empatía hacia la compasión y luego a la bondad como una semilla que crece hasta convertirse en flor:

La *empatía* es «siento *contigo*: veo tu dolor y lo comparto». Es una semilla que crece en el tallo de la compasión.

La *compasión* se siente más profundamente. Comprende la empatía, pero añade el deseo consciente de que estés libre de tu sufrimiento: «Siento tu dolor, estoy contigo, pero quiero que te liberes de él». Incluso suma la voluntad de ayudar.

El tallo crece entonces hasta convertirse en una flor en su máximo esplendor de *bondad*, la cual es el acercamiento sincero con el otro que surge de la compasión.

En un estudio sobre la compasión dirigido por investigadores de la Universidad de York, en el Reino Unido, 719 personas fueron organizadas en dos grupos para llevar a cabo acciones compasivas durante una semana o formar parte de un grupo de control. A los miembros del primer grupo se les pidió que actuaran de manera compasiva con aquellos que percibían que estaban sufriendo; por ejemplo, que hablaran con una persona sin hogar.

Durante los siguientes seis meses, aquellos que habían practicado la compasión se sintieron más felices y su autoestima creció. La bondad de la acción compasiva había producido la felicidad.[17]

Esto concuerda con las palabras de su santidad el dalái lama: «Si quieres que los demás sean felices, practica la compasión. Si quieres ser feliz, practica la compasión».

De la misma manera en que ayudar a los demás puede aliviar la depresión, sentir compasión por el sufrimiento de los demás nos saca de nuestro propio sufrimiento. Nos impide centrarnos en los problemas que nos causan preocupación y estrés. Nos alinea con nuestra naturaleza más profunda. Nos permite vislumbrar una parte grandiosa de nosotros mismos, aquella que de manera genuina desea ver felices a nuestros amigos y seres queridos. Eso es felicidad en sí.

La bondad de la gratitud

Gratitud: cualidad de ser agradecido; estar dispuesto a mostrar apreciación y responder con bondad. Contar bendiciones.

Elizabeth y yo compramos nuestra primera casa el año pasado después de haber rentado durante nueve años. Fue un gran paso.

Al carecer de experiencia, no sabíamos en realidad a qué nos estábamos enfrentando cuando compramos una vieja casa de campo. Honestamente pensé que la pequeña propiedad solo necesitaría una nueva cocina y una mano de pintura. Sin embargo, resultó que necesitaba cambiar la instalación eléctrica (el cableado completo, debido a su antigüedad); un nuevo calentador y el reemplazo completo de las tuberías (debido a los años de uso); algunas paredes nuevas, vigas y piso laminado en una de las habitaciones; recubrir con yeso antes de pintar; restaurar los postigos originales y las escaleras; nuevos alféizares y puertas; el revestimiento de puertas y pisos, y muchas otras cosas aquí y allá. Ah, y una cocina nueva, por supuesto. Al menos, en algo no me había equivocado.

Mi amigo Kenny, un carpintero jubilado, me dio algunas herramientas; cortó la encimera de la cocina y me mostró cómo cortar y colocar los frisos. Teníamos profesionales que se encargaban de la parte eléctrica, la plomería y el enyesado, pero nosotros hicimos el resto con ayuda de la familia. A lo largo de mi vida había cambiado un par de focos y conectado (mal) los cables de la luz. Ahora estaba construyendo paredes estructurales y haciendo casi todo lo que te puedas imaginar en una remodelación de tiempo completo que nos tomó seis meses. Papá trabajaba conmigo prácticamente todos los días mientras descubríamos cómo hacer la mayoría de los trabajos que se necesitaban. Mi tío John, un pintor y decorador jubilado, ayudaba a pintar y enseñó a Elizabeth a decorar la casa. ¡Además me inculcó la creencia de que es posible arreglar cualquier cosa! Mamá y mis hermanas, mientras tanto, colaboraron con cuanto pudieron.

Los padres de Elizabeth nos brindaron un techo y alimentos durante este periodo en el que nuestra casa era inhabitable. Además, la mamá de Elizabeth lavaba toda nuestra ropa, que siempre estaba cubierta de polvo.

Una intensa gratitud me invade por todas las cosas que mis padres, mi tío John, los padres de Elizabeth y los profesionales —la mayoría de los cuales eran nuestros amigos o familiares de estos— hicieron para ayudarnos. Cada vez que pienso en esos meses y en la bondad de todos los involucrados, siento un pequeño estallido de calidez y felicidad al experimentar la gratitud por todo lo que hicieron. Y, de igual manera, siento un deseo abrumador de hacer algo para ayudarlos, para corresponder de alguna manera.

Eso es lo que hace la gratitud. Nos hace sentir bien por dentro y nos despierta el deseo de hacer algo a cambio. Además, descubro que cuando nos centramos en las cosas por las que estamos agradecidos, más razones encontramos para estarlo. La gratitud es una práctica que mejora practicándose. Y, en definitiva, nos hace más felices.

Esta afirmación no es solamente mía. Es la conclusión de un estudio de 10 semanas realizado en 2003 por psicólogos de la Universidad de California, en Davis, y de la Universidad de Miami.

En el estudio participaron 192 personas, quienes una vez por semana tenían que escribir cinco cosas por las que se sentían agradecidas (el grupo de la gratitud), cinco molestias (el grupo de las molestias) o cinco cosas generales que hubieran ocurrido la semana previa (el grupo de control, para comparación). El estudio se ha denominado de «bendiciones *versus* cargas».

Algunos de los ejemplos que brindó el primer grupo incluyeron estar agradecido «con Dios por darme determinación»; «por unos padres maravillosos»; «por la generosidad de los amigos»; «por despertarme esta mañana» e incluso «por los Rolling Stones».

Algunos de los ejemplos en el grupo de molestias incluyeron: «las finanzas se agotan rápidamente», «la gente estúpida conduciendo», «una cocina desordenada que nadie limpiará» y «hacer un favor a un amigo que no lo aprecia».

Al finalizar las 10 semanas, los integrantes del grupo de gratitud estaban mucho más felices que el grupo de molestias. En comparación con el grupo de control, la gratitud hizo que las personas se sintieran más felices, mientras que centrarse en los problemas hizo que las personas se sintieran más descontentas.[18]

Los científicos también realizaron un estudio de dos semanas como parte de la misma investigación. Esta vez, 157 participantes hicieron un ejercicio de gratitud todos los días durante las dos semanas. De nueva cuenta, la felicidad y el bienestar de los miembros del grupo de gratitud se volvieron mucho más altos que los del grupo de las molestias.

El estudio también incluyó algunas medidas adicionales de bienestar general. Una de ellas consistió en observar cuánta emoción positiva sentían los participantes. Aquellos que formaban parte del grupo de gratitud disfrutaron de una emoción significativamente más positiva en su vida diaria que los del grupo de molestias. En general, los participantes del grupo de gratitud se sentían más alegres, emocionados, vigorosos, entusiastas, decididos, fuertes, interesados y atentos que los del grupo de molestias.

Asimismo, de acuerdo con el testimonio de amigos y familiares de los participantes, aquellos que hicieron el trabajo de gratitud se volvieron más considerados y bondadosos.

Así pues, la gratitud es una gran práctica para mejorar la felicidad en general.

Luz y oscuridad

«¿Qué pasa cuando los tiempos son difíciles?», pregunta mucha gente. «Es mucho más difícil estar agradecido en esos momentos».

Estoy completamente de acuerdo. Cuando los tiempos son difíciles, a menudo lo único que podemos hacer es superarlos.

La gratitud no ignora los tiempos difíciles, ni pretende que no existan. Una práctica habitual de gratitud tan solo entrena la mente para explorar el paisaje cotidiano de nuestra vida y asentarse más en la luz que en la oscuridad. Eso es todo. Y a medida que se asienta en la luz, nos hace sentir mejor.

ACTO DE AMABILIDAD
Hazle un cumplido a alguien.

Podemos inspirarnos en un estudio hecho con familiares de personas que padecían alzhéimer, dirigido por la psicóloga Jo-Ann Tsang, de la Universidad de Baylor, en Waco, Texas. La mitad de ellos debían escribir cada día en el *Diario de gratitud* por qué se sentían agradecidos y la otra mitad harían una lista de sus dificultades cotidianas. Al final del estudio, quienes habían escrito su *Diario de gratitud* reportaron un mayor sentimiento de bienestar general, así como menos estrés y depresión.[19]

En el estudio se observó que algunas de las personas del grupo de gratitud comenzaron a celebrar pequeñas victorias; por ejemplo, que el paciente con alzhéimer los llamara por su nombre. Sin una práctica de gratitud, un detalle tan pequeño podía no percibirse como significativo.

En medio de las tensiones y preocupaciones que saturan nuestra mente cuando nos encontramos bajo presión y abrumados, estas pequeñas cosas casi siempre pasan desapercibidas. Pero si se les presta atención, pueden sembrar las semillas de algo de felicidad adicional.

El poder de la amabilidad

Hasta ahora hemos aprendido que ser amables nos hace más felices, y, por supuesto, también a las personas que se benefician con nuestra amabilidad. Literalmente, puede transformar vidas.

A menudo desconoceremos el impacto de un acto de amabilidad o compasión en otra persona. En ocasiones puede dejar una impresión duradera.

En algún tiempo estuve trabajando en un bar y Jack era uno de los clientes habituales. Era un hombre bondadoso que, yo suponía, estaría en la mitad de sus setenta. Llegaba al bar todos los días a la hora del almuerzo y pedía un whisky Bell's. Un día me contó esta historia:

En un momento dado, durante la Segunda Guerra Mundial, me separé de mi compañía. Me encontraba en un pequeño poblado lleno de edificios bombardeados. Algunos soldados alemanes se acercaron y comenzaron a registrar los edificios. Yo estaba aterrado. Si me encontraban, me matarían.

Hice todo lo que pude para mantenerme en absoluto silencio. Tenía miedo incluso de respirar, en caso de que alguien me escuchara.

Cuando los soldados llegaron al edificio en el que me encontraba, temblaba de miedo. Nunca me había sentido tan aterrorizado en mi vida. Escuché a alguien muy cerca. Tomé mi arma, pero ni siquiera podía pensar con claridad.

Entonces me vio. Él me miraba directamente con su arma levantada. No levanté la mía, estaba demasiado asustado.

En ese momento perdí el control y mojé mis pantalones, justo allí, frente a él.

Me miró por un momento, luego hizo algo que me tomó completamente por sorpresa. Entrecerró los ojos un poco, me dirigió una sonrisa compasiva y un suave asentimiento; luego se alejó y les dijo a los otros soldados que el edificio estaba despejado.

Nunca lo he olvidado. Es lo que más recuerdo de la guerra.

Yo tampoco he olvidado esa historia. Superar el odio de la guerra y salvar la vida de un enemigo muestra verdadera compasión.

En ocasiones, cuando se presenta una oportunidad para la compasión o la bondad, olvidamos las supuestas razones por las cuales debemos juzgar u odiar; incluso olvidamos nuestro propio sufrimiento cuando algo dentro de nosotros sale a la superficie y coloca las necesidades inmediatas del otro por encima de todo.

Recuerdo a Victor Frankl, el psiquiatra austriaco que sobrevivió en un campo de concentración nazi. En su libro *El hombre en busca de sentido*, escribió:

Los que vivimos en los campos de concentración podemos recordar a los hombres que caminaban entre las barracas para consolar a los demás y regalar su último trozo de pan. Quizá fueron pocos, pero ofrecen pruebas suficientes de que se le puede arrebatar todo a un hombre, salvo por una sola cosa, la última de las libertades humanas: elegir su actitud frente a cualquier circunstancia, elegir su propio camino.

Nunca debemos subestimar el poder de un acto bondadoso, por grande o pequeño que parezca.

Héroes cotidianos

Los pequeños actos de amabilidad salpican la mayor parte de nuestros días, tanto las pequeñas cosas que hacemos como aquellas que los demás hacen por nosotros. Apenas nos damos cuenta de ellos. Pueden parecer pequeños, al menos en nuestra propia mente, pero todos cuentan. Todos hacen una diferencia, incluso aunque no resulte obvia para nosotros.

No necesitamos cambiar la vida de alguien para que *califiquemos* como una persona bondadosa. Las pequeñas acciones importan mucho porque son las que hacemos más a menudo.

ACTO DE AMABILIDAD
Escribe a alguien una tarjeta de agradecimiento.

Todo el mundo es un héroe cotidiano en ese sentido. Mamá lo es. Ha sido amable y bondadosa cada día que he estado en esta tierra, aunque tal vez ella no se haya dado cuenta. Una vez le pregunté cuándo fue la última vez que hizo un acto de bondad y no recordaba ninguno, ¡pero acababa de prepararme una taza de té y un sándwich! Eso es lo que pasa con los héroes cotidianos: simplemente es su naturaleza. La bondad es tan natural en ellos que ni siquiera se dan cuenta de que son bondadosos.

Sin embargo, las tazas de té, el cuidado de los niños, llevar a alguien en el auto, los cientos de otras cosas que la familia y los amigos hacen el uno por el otro todos los días son importantes. Son el imán que mantiene unidas las relaciones humanas. Son los hilos en el tejido de nuestra vida.

Resumen del capítulo

· La amabilidad puede despertar una sonrisa en las personas. Tanto a quien recibe como a quien otorga. Nos hace a todos más felices.

· Los niños y adultos se sienten felices cuando son amables. Los adultos mayores que se ofrecen como voluntarios para ayudar a otros experimentan felicidad; sienten que tienen un propósito en la vida y su voluntad de vivir se incrementa.

· La amabilidad puede ayudar a aliviar la depresión. Aumenta la autoestima y reduce la ansiedad social.

· La amabilidad genera cambios físicos en el cerebro. Produce serotonina, que es justamente el neurotransmisor que los antidepresivos buscan aumentar. También altera la estructura del cerebro si la practicamos de manera consistente; sobre todo *conectándonos* con nuestra naturaleza amable y bondadosa y con la felicidad que esta conlleva.

· La compasión y la gratitud, ambos aspectos de la bondad en un sentido amplio, también mejoran la felicidad.

SEGUNDO BENEFICIO

La amabilidad es buena para el corazón

Adonde quiera que vayas, ve con todo tu corazón.

Confucio

«¡Una sensación de calor en el pecho!». Esa es la sensación física más comúnmente reportada en relación con la bondad. Tal vez tú también la hayas sentido cuando te conmoviste al atestiguar o experimentar un acto de bondad.

¿Alguna vez te has preguntado qué es? Es el efecto de la bondad en el corazón.

Los sentimientos provocados al ser amables (calidez, elevación, inspiración, conexión emocional) tienen un impacto físico. Así como sentir vergüenza nos ocasiona sonrojo y la excitación acelera nuestro ritmo cardiaco, los sentimientos producidos al ser amables tienen efectos en el cerebro y en el cuerpo, especialmente en el corazón.

La hormona del amor

En primer lugar, la amabilidad produce una hormona llamada *oxitocina*, responsable de una serie de efectos positivos en el corazón y las arterias.

La oxitocina es bien conocida por el papel que juega durante el nacimiento: da inicio a las contracciones uterinas y es el medicamento que más se utiliza en muchos países para inducir las labores de parto. Fue descubierta por el farmacólogo y fisiólogo británico sir Henry Dale, en 1906, quien le dio ese nombre, a partir de las palabras griegas ωκνξ, τοκοχξ, que significan «nacimiento veloz».[1]

Esta sustancia también es conocida por su papel en la lactancia materna, pues controla la *bajada* del líquido. De hecho, a muchas mujeres se les receta oxitocina para estimular la producción de leche.

Además desempeña un papel importante en el establecimiento de vínculos: la madre con el recién nacido; padres con hijos; hermanos y amigos, unos con otros; humanos con animales, y animales entre sí. También se le conoce como *la hormona de vinculación*, entre otros nombres. La oxitocina es la sustancia que mantiene unidas las relaciones y las comunidades.[2]

Asimismo, es la responsable de los sentimientos de confianza: tendemos a confiar más cuando tenemos la oxitocina elevada. Un aumento de esta hormona incluso hará que una persona nos agrade mucho más. Reduce la actividad en la amígdala, una región del cerebro que procesa el miedo y la ansiedad. Se ha demostrado que ayuda a reducir la ansiedad social. Incluso, nos permite comprender las emociones ajenas y que los demás entiendan las nuestras.[3]

ACTO DE AMABILIDAD
Adopta un perro de un refugio.

La oxitocina recibe el popular nombre de *hormona del amor* porque abrimos su grifo cuando sentimos amor; cuando compartimos un contacto emocional cálido de cualquier tipo y cuando tenemos relaciones sexuales. Asimismo, se encuentra en la *Lista de medicamentos esenciales* de la Organización Mundial de la Salud, la cual comprende aquellos considerados de mayor importancia en un sistema básico de salud.

Siempre se creyó que la oxitocina se produce en el cerebro y luego es secretada en el torrente sanguíneo. Si bien esto es cierto, investigaciones recientes sugieren que también se produce en el corazón.[4] De hecho, desempeña una serie de funciones muy importantes en él y en todo el sistema cardiovascular. Es responsable de lo que se conoce como *el efecto Roseto*.

El efecto Roseto

Roseto es una ciudad de Pensilvania, Estados Unidos, cuyos habitantes participaron en un estudio científico que duró casi 50 años. Durante un censo realizado en la década de los sesenta, se encontró que ninguna persona de dicha ciudad menor de 45 años había muerto de alguna enfermedad cardiaca.

Fue un hallazgo sorprendente, dado que Estados Unidos tiene la tasa más alta de enfermedades cardiacas que cualquier otro país en el mundo. En Roseto la tasa de mortalidad por enfermedades cardiacas, incluso en aquellos mayores de 65 años, era significativamente más baja que en el resto del país. No fue sino hasta 1970 cuando se registró allí la primera muerte por un ataque al corazón en una persona menor de 55 años.

Científicos de todo el mundo se volcaron sobre la ciudad de Roseto; tomaron muestras del agua; estudiaron la dieta e incluso probaron las condiciones atmosféricas. Durante años no pudieron encontrar ninguna razón lógica que explicara por qué las personas en Roseto no morían de enfermedades del corazón. Sin embargo, eventualmente encontraron la razón. Después de años de investigación exhaustiva, incluido el estudio de los propios residentes, descubrieron lo que los protegía de las enfermedades del corazón: los vínculos comunitarios sumamente estrechos entre los habitantes.

Una característica de una comunidad unida es que las personas se ayudan unas a otras. Esto es lo que los psicólogos denominan *comportamiento prosocial*. Se define como «cualquier acción destinada a beneficiar a otra persona, como compartir, cooperar, ayudar, dar», es decir, ser bondadoso. Por supuesto, la oxitocina fluye como río en estas condiciones. Y cuando esta hormona fluye, *protege* el corazón; es un cardioprotector.

Oxitocina: cardioprotección

Cardioprotector: sirve para proteger el corazón, en especial contra las enfermedades del corazón.

Hay muchos cardioprotectores. El sentido común nos dice que el ejercicio es uno de ellos. Una persona también puede tener una dieta cardioprotectora, como la mediterránea, que es rica en tomates frescos, ensaladas, pescado y aceite de oliva.

La oxitocina es una hormona cardioprotectora y, a su vez, hace que cualquier sensación o acción que la produzca también lo sea. Por lo tanto, podemos decir que la bondad, el amor y la unión de personas y animales son cardioprotectores porque producen oxitocina.

La cardioprotección era lo que mantenía a salvo a los residentes de Roseto de sufrir enfermedades del corazón.

ACTO DE AMABILIDAD
Usa un servicio de supermercado en línea y envía una caja de comida a una familia que sepas que podría necesitarla.

Funcionamiento de la oxitocina

La oxitocina hace que las células de las paredes arteriales se relajen. Entonces, las arterias se ensanchan —se dilatan—; es lo que se conoce como *vasodilatación*. Esto significa tres cosas: *1)* más sangre puede fluir a través de las arterias; *2)* se puede administrar más flujo de sangre al corazón y otros órganos, y *3)* se reduce la presión arterial. La reducción de la presión arterial, en última instancia, significa protección contra un ataque cardiaco y un derrame cerebral.

Me parece genial cómo la amabilidad nos puede proteger de un ataque cardiaco y un derrame cerebral. El diagrama que se muestra más adelante ilustra este proceso. De manera específica, hay gran cantidad de lugares de estacionamiento que han sido formados para que la oxitocina recubra las paredes de las arterias. Se llaman *receptores de oxitocina*, debido a que son *receptivos* a la oxitocina.

Cuando la oxitocina se *estaciona* las células de las paredes arteriales producen óxido nítrico.[5] (Ten en cuenta que no es lo mismo que el óxido *nitroso*, el gas de la risa que usan los dentistas.) Al mismo tiempo, el corazón produce el péptido natriurético auricular (PNA) y lo envía al torrente sanguíneo.

El óxido nítrico y el PNA son potentes vasodilatadores, de manera que una vez que entran en nuestras arterias, estas se dilatan. Este es el funcionamiento básico del efecto cardioprotector de la amabilidad.[6] A partir de allí, la cadena de eventos —el efecto dominó interno, por así decirlo— sucede de esta manera: la amabilidad produce oxitocina que a su vez produce óxido nítrico y PNA, los cuales dilatan las arterias y reducen la presión arterial. Así es como la amabilidad es cardioprotectora.

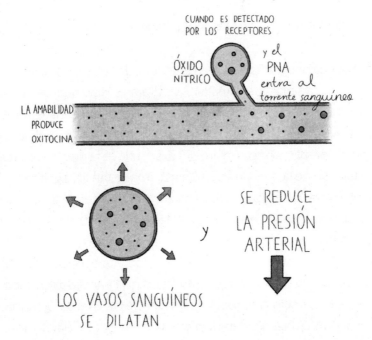

CUANDO ES DETECTADO
POR LOS RECEPTORES

ÓXIDO
NÍTRICO

y el
PNA
entra al
torrente sanguíneo

LA AMABILIDAD
PRODUCE
OXITOCINA

y

SE REDUCE
LA PRESIÓN
ARTERIAL

LOS VASOS SANGUÍNEOS
SE DILATAN

Aquí podemos sustituir cualquier sentimiento o método de producción de oxitocina, como el contacto emocional cálido, la compasión, el amor, el afecto, el compartir, el sexo, los abrazos, la vinculación entre nosotros o con los animales, etcétera.

Ahora puedes ver por qué los residentes de Roseto no padecían enfermedades cardiacas.

Amabilidad: viagra para tus arterias

Sí, la amabilidad es viagra para tus arterias. ¡Literalmente! El viagra es una forma en verdad ingeniosa de mejorar la acción del óxido nítrico. Funciona sobre las arterias que suministran sangre al pene, esencialmente aumentando el flujo de sangre.[7]

El óxido nítrico es una de las sustancias más importantes del cuerpo humano. Es increíblemente importante para el corazón y para todo el sistema cardiovascular. El doctor Louis Ignarro, quien recibió el Premio Nobel de Medicina en 1998 por su trabajo sobre esta sustancia, la llamó *la molécula milagrosa*.[8]

El óxido nítrico puede prevenir e incluso revertir las enfermedades cardiovasculares. Las arterias lo producen con el propósito de bajar la presión arterial al rango normal y mejorar el flujo de sangre al corazón, los músculos y otros órganos.[9] Además, reduce los niveles de colesterol malo (LDL, por sus siglas en inglés) y, por lo tanto, ayuda a mantener un equilibrio saludable entre este y el bueno (HDL, por sus siglas en inglés). De esta manera, previene la acumulación de placa en las arterias que suelen provocar enfermedades cardiacas y accidentes cerebrovasculares.

Cuando se agota el óxido nítrico, las arterias envejecen mucho más rápido y el flujo de sangre en músculos, órganos y piel se reduce. De esta manera envejecemos más rápido por dentro. Por lo tanto, podemos decir que la amabilidad es como un viagra para nuestras arterias. Las reanima y las mantiene jóvenes y sanas.

ACTO DE AMABILIDAD
Únete a una organización benéfica como
voluntario habitual.

Cómo la amabilidad produce oxitocina

Bien, ahora sabemos que el corazón está muy feliz cuando tenemos suficiente oxitocina en las arterias. Pero ¿cómo conseguimos que llegue allí? Bueno, nacemos con una cantidad suficiente de esta sustancia: es vital para la vida. Pero sus niveles suben y bajan, dependiendo de cómo *somos*, es decir, amables o no.

Existen seis formas comunes de producir oxitocina:

1) Sentirse elevado

Elevación es la palabra utilizada por el psicólogo social Jonathan Haidt para describir el sentimiento cálido que experimentamos cuando presenciamos un acto de amabilidad u otra demostración de belleza moral. Abrimos el grifo de oxitocina cada vez que esto sucede.

Las respuestas típicas a la pregunta: «¿Qué te hace sentir elevado, inspirado?» incluyen:

> «Me siento conmovido cuando veo videos de perros felices o de personas que ayudan a otros en sus dificultades. Siempre experimento una sensación de calidez en el área de mi corazón e incluso en ocasiones se forma un nudo en mi garganta».

> «Aun cuando mi esposo está realmente ocupado, se toma el tiempo para hacerme el desayuno y llevármelo a la cama».

> «El video donde la persona compra comida para el indigente y se sienta y habla con él por un rato».[10]

Incluso ver un video inspirador en YouTube, Facebook o cualquiera de los diversos medios sociales disponibles produce oxitocina. De hecho, los científicos miden la *elevación* en un entorno controlado usando videos como estos.

En un estudio dirigido por Jonathan Haidt, por ejemplo, un grupo de mujeres que amamantaban miraban una película moralmente edificante que mostraba mucha amabilidad (para inducir la *elevación* en un entorno controlado) y un grupo separado veía un video de comedia también agradable (como parte del grupo de control).

El equipo de Haidt encontró que las personas que habían visto la película moralmente edificante y habían experimentado *elevación* tendían más a acunar a sus bebés y a abrazarlos.[11] La necesidad de cuidar a un bebé a menudo se desencadena por la presencia de oxitocina porque, como ya aprendimos, controla la respuesta de *bajada* de la leche materna.

2) Reconfortar a alguien

Reconfortar también produce oxitocina, tanto en quien lo brinda como en quien es reconfortado. Un estudio simple encontró que una madre que reconfortaba amorosamente a su hijo producía oxitocina en el niño.[12]

Incluso la expectativa de amamantar a un bebé ha demostrado que produce cantidades sustanciales de oxitocina en las mujeres.[13]

3) Contacto emocional cálido

Cualquier tipo de contacto emocional cálido produce oxitocina. Piensa en cómo te sientes cuando observas o experimentas la amabilidad, ya sea porque recibes o realizas un acto de amabilidad. Sientes una conexión cálida con las personas que observas o con las que reciben o actúan con amabilidad. Este *sentimiento* —sea de elevación, inspiración, afecto, calidez emocional, conexión— es el que abre el grifo de la oxitocina. Incluso compartir con los demás la comida la produce.

4) Apoyar a un amigo o ser querido

Produces oxitocina cada vez que estás con un amigo o un ser querido que necesita apoyo. La investigación que realizaron científicos de la Universidad de Carolina del Norte, en Chapel Hill, por ejemplo, mostró que el apoyo que se brinda a la pareja está asociado con niveles más altos de oxitocina en la sangre.[14]

El estudio involucró a 38 parejas que vivían juntas. Se les pidió que informaran sobre cuánto se apoyaban, es decir, cuánto contacto emocional cálido tenían. Cuando los científicos midieron los niveles de oxitocina en la sangre de los participantes y cotejaron esto con los niveles de apoyo reportados, encontraron que quienes presentaban una mayor cantidad de oxitocina en la sangre habían reportado una mayor cantidad de contacto cálido.

Como era de esperarse, los investigadores observaron que un mayor apoyo equivalía a una presión arterial más baja en los 10 minutos posteriores del contacto cálido.

Además, cuanto más apoyamos, más nos beneficiamos. Los científicos demostraron que las interacciones positivas frecuentes tienen efectos positivos acumulativos a largo plazo. Con el tiempo, conducen a una disminución sostenida de la presión arterial.

5) Tan solo pensar en la amabilidad

En realidad no necesitas encontrarte en una situación amorosa o un acto amable para producir oxitocina; de la misma manera que no necesitas vivir una situación estresante para producir las hormonas del estrés.

Incluso produce oxitocina el solo acto de pensar con cariño en alguien que amas; en una experiencia de amabilidad, de conexión, o de contacto cálido.[15] Es la sensación misma lo que la produce. Las mujeres producen oxitocina con solo pensar en sus recién nacidos.

6) Abrazos

Los abrazos también producen oxitocina, pero hablaré de ello más adelante, ya que tengo algo más que decir sobre el tema y no quiero estropearlo exponiéndolo demasiado pronto.

El punto aquí es que, como puedes ver, cada vez que te encuentras presenciando la amabilidad, pensando en la amabilidad, recordándola o llevando a cabo un acto amable, estás abriendo el grifo de oxitocina en tu organismo. En esencia, la oxitocina es una molécula de bondad o amabilidad.

ACTO DE AMABILIDAD

Ofrece cuidar a los hijos de un amigo o miembro
de la familia durante unas horas.

La amabilidad suaviza nuestras arterias

«Como es arriba, es abajo; como es adentro, es afuera; como es el universo, es el alma...», escribió el sabio Hermes Trismegisto. La idea tiene un paralelismo en la ciencia moderna: nuestro comportamiento externo (bondadoso o no) afecta nuestra salud interna. Permíteme explicar.

La hostilidad es considerada como una actitud de mala voluntad y desprecio hacia las personas. Un endurecimiento, por así decirlo. A menudo se expresa con ira. Está muy lejos de la amabilidad y es lo opuesto a la forma en que nos comunicamos con los demás.

La hostilidad es un factor de riesgo importante para las enfermedades cardiovasculares, de la misma manera que la amabilidad es cardioprotectora. Incluso podría ser una ruta más determinante para adquirir una enfermedad cardiovascular que una mala dieta.

Un estudio de la Universidad de Utah involucró a 150 parejas casadas, a quienes se les pidió se grabaran en video manteniendo una conversación marital típica. El registro de estas conversaciones fue tomado como indicativo de la naturaleza típica de las relaciones de pareja, las cuales mostrarían un patrón de conducta a largo plazo.

Tras observar los videos, los científicos clasificaron a las parejas de acuerdo con el comportamiento que mantenían entre sí. En un extremo estaban las parejas que eran más hostiles y en el otro, las más bondadosas y amorosas.

Se encontró que los más hostiles tenían altos niveles de «calcificación de la arteria coronaria», que es básicamente el endurecimiento de las arterias coronarias causado por una acumulación de placa. Es la diferencia entre una arteria con la consistencia interna de un huevo escalfado y otra con la dureza de una placa de yeso. Las parejas más bodadosas y amorosas tenían arterias normales.[16]

ACTO DE AMABILIDAD
Compra comida para una persona sin hogar.

A medida que tengamos una dureza exterior en nuestras actitudes con las personas, también lo tenemos en nuestras arterias; a medida que las suavizamos, también nos suavizamos en el interior: «Como es adentro, es afuera».

La acumulación de placa que provoca el endurecimiento de las arterias es una consecuencia de dos procesos: la oxidación y la inflamación. La amabilidad contrarresta ambos efectos. Para entender cómo ocurre esto primero debes entender un poco acerca de las gafas de Harry Potter.

Las gafas de Harry Potter

¿Alguna vez has partido una manzana y la has dejado sobre la mesa? Si es así, te habrás dado cuenta de que muy pronto cambia a color marrón. Esto se debe al proceso de oxidación.

La oxidación de las arterias puede ser un efecto secundario del estilo de vida y el estrés alimentario. No sucede tan rápido como con una manzana partida, así que no te preocupes, pero sucede. La oxidación es causada por lo que se conoce como *radicales libres*.

He aquí una manera simple de imaginar un radical libre. Recuerda cómo son los anteojos de Harry Potter: dos círculos semejantes a la letra O y un pequeño puente entre ellos. Son en realidad la forma exacta del *oxígeno*: esa cosa que respiramos. El oxígeno —cuya fórmula química es O_2— tiene dos átomos «O» y un *enlace* (puente) que los conecta.

Ahora imagina que Draco Malfoy lanza a Harry un hechizo y rompe el puente de sus gafas: ahora tiene dos lentes individuales que ya no están unidas entre sí. Cuando esto sucede con el oxígeno —no debido a un hechizo de Draco, sino a algún tipo de estrés—, se dice que los dos «O» son radicales libres.

Alguna vez estuvieron unidos, pero ahora están separados. En lugar de estar en una relación, están solteros. Y odian estar solteros. Harán cualquier cosa para mantener nuevamente una relación.

Por desgracia, la fuerza del deseo de un radical libre de unirse es tal que codiciará con gusto a la esposa de su vecino, por así decirlo: se robará cualquier átomo cercano. Esto no es tan bueno para el cuerpo, sobre todo si el átomo robado es parte de las células que recubren las arterias, el sistema inmunológico, una célula de la piel o una cerebral. Una vez que el radical libre ha tomado su átomo, estas células pueden comenzar a desmoronarse.

Sin embargo, el cuerpo tiene formas naturales de lidiar con los radicales libres: utiliza *antioxidantes*. Un antioxidante es *anti* (contra) oxidación. Es un compañero dispuesto para un radical libre, con lo cual se elimina cualquier daño adicional en las células.

Obtenemos antioxidantes de muchas frutas y verduras, ensaladas, tés, canela y chocolate negro. Esta es una de las razones por las que los médicos nos alientan a consumir esos alimentos. También tenemos antioxidantes naturales en el cuerpo.

No obstante, cuando los radicales libres se producen con mayor abundancia de lo que el cuerpo puede eliminarlos, nos encontramos con la oxidación o el *estrés oxidativo*, como los científicos prefieren llamarla.[17]

El estrés oxidativo juega un papel importante en las enfermedades cardiovasculares y está relacionado con la enfermedad de Alzheimer, la fatiga crónica, la artritis, la enfermedad de Parkinson y una gran cantidad de afecciones graves. Combinado con la inflamación, puede causar el endurecimiento de las arterias.

La mayoría de las personas saben qué es la inflamación. Es el enrojecimiento y la hinchazón que se produce a causa de un corte o alguna otra lesión. Es una parte importante de la respuesta inmune inicial del organismo y ayuda a atraer sangre y nutrientes al sitio de la herida. Sin embargo, la inflamación también ocurre en el interior del cuerpo, en las arterias y articulaciones, e incluso alrededor de las células del sistema inmunológico.

De la misma manera que existen antioxidantes para ocuparse de los radicales libres, también hay formas de reducir el exceso de inflamación: con ayuda de antiinflamatorios naturales y la acción del nervio vago. (Te explicaré más sobre el papel del nervio vago en el siguiente capítulo.) Sin embargo, cuando la inflamación supera la capacidad del cuerpo para controlarla, tenemos una *inflamación crónica leve*. Y al igual que el estrés oxidativo, puede ser consecuencia de la dieta, estilo de vida, estrés u hostilidad.

Cuando el estrés oxidativo y la inflamación se suman, pueden conducir a la formación de placas en las arterias y provocar el endurecimiento de las arterias, lo cual puede generar otras enfermedades del corazón y del sistema cardiovascular. Aquí es donde entra en acción la oxitocina, que reduce el estrés oxidativo y la inflamación tanto en las arterias como en el sistema inmunológico completo.

ACTO DE AMABILIDAD
Llama a alguien en su cumpleaños y cántale «Feliz cumpleaños».

En un estudio innovador, los científicos del Centro de Investigación de Medicina del Comportamiento y del Departamento de Psicología de la Universidad de Miami examinaron los efectos del estrés oxidativo y la inflamación en el sistema cardiovascular y el inmunológico. Los investigadores tomaron células de los vasos sanguíneos y del sistema inmunológico y las sometieron a diferentes formas de estrés en el laboratorio. Esto con el objetivo de simular el tipo de estrés que se produce en el organismo. Como se esperaba, observaron grandes aumentos en el estrés oxidativo y la inflamación.

Luego repitieron el experimento, agregando oxitocina a la mezcla. Sorprendentemente, los niveles de estrés oxidativo e inflamación disminuyeron de manera considerable en las células de los vasos sanguíneos y en las inmunes. La conclusión fue que la oxitocina es un antioxidante y un antiinflamatorio natural.[18]

Dado que producimos oxitocina cuando somos amables, podemos decir con confianza que la amabilidad es un antioxidante y un antiinflamatorio:

LA AMABILIDAD PRODUCE OXITOCINA

la cual reduce

LA INFLAMACIÓN

EL ESTRÉS OXIDATIVO

El poder de la conexión bondadosa

Conexión bondadosa: relación entre una persona o cosa y cuya conexión está dada por medio de la bondad.

Sí, se trata de una expresión recreada que significa conectarse de manera bondadosa; es decir, establecer relaciones amorosas o amistosas basadas en la bondad.

Las conexiones bondadosas son buenas para el corazón. Proporcionan una conexión emocional. Esto es esencialmente de lo que los residentes de Roseto disfrutaban; más allá de si eran solteros o tenían una relación, lo que los protegía de las enfermedades del corazón eran las conexiones bondadosas.

Una serie de estudios científicos parecen sugerir que es más saludable estar casado o tener una relación que estar soltero o vivir solo. No obstante, hay que entender bien este tipo de estudios. Lo importante aquí no es el hecho de estar casado o tener una relación, sino la calidad de esta relación. Esto se debe a que una buena relación abre nuestros grifos de oxitocina.

Sin embargo, no es necesario que nos involucremos en términos románticos con alguien para disfrutar de buenas relaciones. Podemos tenerlas con familiares o amigos, vecinos o compañeros de trabajo. Podríamos interactuar con la persona que nos entrega el correo o con los asistentes de la tienda. Muchas personas establecen las mejores relaciones con los animales. Todo tipo de relaciones cuentan. Mientras haya una conexión bondadosa, la relación será buena para el corazón.

Esto podría significar un alivio para las personas solteras que creen que solo las relaciones románticas son buenas para el corazón. Está bien ser soltero. «Lo mejor es estar soltera —bromeaba mi amiga Ann, quien es veterinaria—, porque así no tienes que lavar la ropa sucia de nadie».

Bromas aparte, se trata de la conexión bondadosa. Y si recuerdas, la bondad no siempre requiere un acto físico. Puede tratarse simplemente de ser cordiales: escuchar a alguien, brindar un cumplido, mostrar simpatía. Incluso puede consistir en reírse con alguien que intenta ser gracioso, sobre todo si no lo es tanto (es lo que mi familia y mis amigos hacen por mí). Todos estos actos producen una conexión bondadosa.

La cardióloga Mimi Guarneri, autora de *The Heart Speaks* [*El corazón habla*], escribe sobre cómo los pacientes cardiacos se benefician más del acompañamiento y los grupos de apoyo (lo cual involucra una conexión bondadosa) que de las comidas vegetarianas que reciben o de la meditación o el yoga que se les enseña a practicar.[19]

Esto es bastante sorprendente dado que la mayoría de las personas ha aprendido que tener una buena dieta, hacer ejercicio o reducir el estrés son las únicas formas de beneficiar la salud cardiaca de manera natural. También es una buena noticia para las personas que se sienten culpables, tal vez, de no apegarse del todo a este asunto de la vida verde y el yoga. La conexión humana (y animal) bondadosa hace mucho bien, independientemente del estilo de vida, como te dirían los residentes de Roseto.

Asimismo, en su libro, la doctora Guarneri sugiere que los pacientes cardiacos adquieran un perro. No solo por el ejercicio que esto implicaría y que, por supuesto, resultaría beneficioso, sino para establecer una conexión bondadosa con el animal.

Ser amable con los animales

Establecer una conexión bondadosa con animales es muy buena para el corazón. Los estudios demuestran que las personas que tienen un perro o un gato en su familia por lo general tienen una presión arterial más baja que quienes no tienen mascota. La presión arterial suele bajar cuando acariciamos a un animal.[20]

ACTO DE AMABILIDAD

Ofrece tu asiento en el autobús o en el metro a una persona mayor.

En un estudio aplicado a 369 pacientes que habían sufrido un ataque cardiaco, la probabilidad de que alguno de ellos muriera en un año era 400% menor si tenía un perro.[21] Los pacientes con mascota se verían beneficiados por el ejercicio, caminar y jugar con él, pero la conexión bondadosa también desempeñaría un papel importante. Interactuar y jugar con el perro durante el día elevaría de manera consistente los niveles de oxitocina y ofrecería una cardioprotección sustancial.

De hecho, las investigaciones han demostrado que jugar con perros aumenta los niveles de oxitocina. En un estudio, realizado por científicos de la Universidad de Azuba, en Japón, 55 dueños de perros jugaron con sus mascotas durante media hora. Los niveles de oxitocina se midieron al inicio y después del juego, tanto en los humanos como en los perros.

Los científicos también grabaron en video las sesiones de juego para examinar la calidad de la relación que cada persona mantenía con su perro. Registraron cuánto tiempo pasaban los perros mirando a sus dueños y los dividieron en dos grupos. Estaban los «observadores de largo plazo», que mantuvieron el contacto visual durante un promedio de 2.5 minutos durante la media hora, y los «observadores de corto plazo», que solo hicieron contacto visual durante 45 segundos. Se consideró que la observación prolongada indicaba una mejor calidad de relación entre humanos y perros.

Los niveles de oxitocina aumentaron 20% en los observadores de largo plazo en comparación con un grupo de control de dueños que no jugaban con sus perros.[22]

ACTO DE AMABILIDAD
Patrocina a un niño.

Un antídoto para el estrés

Un día iba manejando mi auto, en dirección al puente de Forth Road, cuando por accidente me crucé de carril frente a otro automóvil. El conductor tocó su claxon y me lanzó una serie de improperios. Estaba en verdad enojado. Parecía estar teniendo un mal día.

Para ser honesta, la situación era aterradora y perturbadora, pero poco a poco me fui calmando. Cuando por fin llegué al puente, me sorprendió ver que el mismo conductor se encontraba detrás de mí otra vez, justo detrás, mientras conducía hacia la caseta de peaje.

Entonces, pagué su peaje por él.

Alrededor de un kilómetro más adelante en la carretera, él se adelantó para quedar a mi lado. Esta vez tenía una gran sonrisa y un rostro considerablemente suavizado y pronunció la palabra «gracias» de manera que yo pudiera verlo y entender.

Maureen

No hay duda de que el estrés puede causar enfermedades del corazón. Lo hemos sabido por décadas. Lo que a menudo pasamos por alto es que la amabilidad puede disipar el estrés y los sentimientos que lo provocan: la ira, la hostilidad y la agresión, la preocupación, la ansiedad y el miedo.

La bondad de Maureen neutralizó la ira y el estrés del conductor. Ella compartió su historia en un taller que dirigí. Nos dijo que la ira del conductor la había hecho sentirse agitada, estresada y un poco temerosa. Sin embargo, justo después de pagar su peaje, se sintió más ligera y notó que los sentimientos negativos habían desaparecido. Había nacido en su lugar una oleada de emoción positiva y una sensación de conexión con el conductor.

La experiencia de Maureen hace eco de una gran cantidad de investigaciones científicas que demuestran que la bondad contrarresta el estrés. En un estudio dirigido por Emily Ansell, de la Escuela de Medicina en la Universidad de Yale, 77 voluntarios recibieron una llamada automática a sus teléfonos inteligentes todas las noches durante dos semanas para motivarlos a completar una evaluación en línea. Se les pidió que registraran eventos estresantes en el trabajo, en sus relaciones, las finanzas, la salud y otras áreas. De igual forma, se les pidió que registraran cualquier tipo de actos que realizaron, como abrir una puerta; ayudar a alguien con su tarea; hacerle un cumplido a alguien, etcétera.

Ansell descubrió que aquellos que reportaban más actos de bondad habían experimentado menos emociones negativas y menos estrés. Algunos habían informado sobre una serie de eventos estresantes, pero si además tuvieron muchos pequeños actos de bondad durante el mismo día, los eventos estresantes habían tenido poco o ningún impacto en sus emociones o sensación de bienestar. Los días en que reportaban pocos actos de amabilidad, habían experimentado más emociones negativas en respuesta a eventos estresantes.[23]

La bondad había neutralizado los efectos de los eventos estresantes.

En esencia, a medida que aumenta el nivel de bondad en nuestra vida, disminuye el de las emociones negativas y estrés. Incluso cuando experimentamos eventos estresantes, la bondad puede amortiguar los sentimientos negativos.

En otro estudio, a las personas que fueron calificadas como «hostiles» y que presentaban un dolor de pecho se les pidió que lavaran la ropa de otros. Por increíble que parezca, este simple acto de bondad redujo el dolor de pecho.[24]

Es gracioso observar que lavar la ropa de otra persona puede, de alguna manera, causar en el corazón el mismo efecto que una droga.

ACTO DE AMABILIDAD
Sé amigo de alguien que lo necesite.

La gratitud

La gratitud también es cardioprotectora, sobre todo en el caso de aquellas personas que ya han sufrido un ataque al corazón.

Uno de mis amigos tuvo un ataque al corazón hace unos años. Recuerdo que hablamos al respecto. Me tomó por sorpresa cuando me comentó que se sentía agradecido por ello.

«¿Por qué?», pregunté.

«Porque me obligó a mirar la forma en que estaba guiando mi vida: mi dieta, mi falta de ejercicio y, sobre todo, mis niveles de estrés», respondió él.

Las investigaciones han encontrado que la gratitud ayuda a las personas con afecciones cardiacas. En un estudio de la Universidad de Connecticut, los psicólogos descubrieron que los pacientes que habían sufrido un ataque cardiaco y vieron los beneficios de esto —apreciar más la vida o verla como un regalo, por ejemplo— eran mucho menos propensos a tener otro ataque en los siguientes ocho años que quienes culpaban a los demás por su enfermedad, quienes tenían un riesgo mucho mayor de sufrir otro ataque cardiaco.[25] Ver los beneficios en su experiencia era protector. La culpa era destructiva.

En otro estudio, los científicos preguntaron a 3 000 pacientes con obstrucciones coronarias significativas si agradecían las bendiciones de la vida y contaban con apoyo social. Encontraron que aquellos que se sentían más agradecidos y contaban con un mayor apoyo social (oportunidades para abrir sus grifos de oxitocina) tenían una menor cantidad de obstrucciones.[26]

Un abrazo al día mantiene alejado al cardiólogo

Los abrazos son una expresión natural de bondad, amor, afecto y gratitud. Pueden echar abajo las barreras entre las personas. Un abrazo puede aliviar el dolor, tanto emocional como físico. Los padres abrazan a sus hijos. Los maridos abrazan a sus esposas. Las esposas abrazan a sus maridos. Las parejas del mismo sexo se abrazan. Los amigos se abrazan. Los hermanos se abrazan. Algunas personas que apenas se conocen intercambian abrazos como saludo. La gente incluso ofrece *abrazos gratis* en las calles. Muchas personas abrazan perros, gatos, caballos y otros animales. Algunos incluso abrazan árboles.

Casi todos nosotros disfrutamos los abrazos. Nos acercan física y emocionalmente. Y también producen oxitocina.

ACTO DE AMABILIDAD
Haz una donación a una organización benéfica.

En un estudio simple, los científicos de la Universidad de Carolina del Norte, en Chapel Hill, compararon la cantidad de abrazos que un grupo de 59 mujeres había recibido durante un mes. Luego midieron los niveles de oxitocina de cada una.

¿Cuál fue el resultado? Las mujeres que habían recibido más abrazos tenían niveles más altos de oxitocina. ¡Tan simple como eso! Además, sus niveles de presión arterial y frecuencia cardiaca eran más bajos.[27] Así pues, ¡en verdad podemos afirmar que un abrazo al día mantiene alejado al cardiólogo!

El 17 de octubre de 1995 las gemelas Kyrie y Brielle Jackson nacieron de manera prematura —12 semanas antes de la fecha programada—, en Worcester, Massachusetts, Boston. Cada una pesaba alrededor de un kilo. Durante los siguientes días, Kyrie fue ganando peso, pero Brielle tenía serias dificultades. En ocasiones lloraba y lloraba hasta que jadeaba al respirar y su rostro se ponía azul.

En un día realmente malo para Brielle en la unidad de cuidados intensivos neonatales, la enfermera Gayle Kasparian, de tan solo 19 años, estaba intentando todo para estabilizarla, pero nada funcionaba. Brielle se encontraba en muy mal estado.

Entonces la enfermera Kasparian tuvo una idea. Con el permiso de los padres, sacó a Kyrie de su incubadora y la colocó en la de Brielle, algo que iba en contra de la práctica estándar del hospital. Siempre se utilizaban incubadoras separadas para reducir el riesgo de infección cruzada.

Entonces sucedió un milagro. Mientras los médicos y las enfermeras observaban, la pequeña Kyrie movió el brazo y lo colocó alrededor de Brielle, como si abrazara a su pequeña hermana.

Casi de inmediato, Brielle comenzó a hacerse más fuerte. Su ritmo cardiaco se estabilizó; su corazón comenzó a latir con más fuerza; su temperatura volvió a la normalidad; sus niveles tan bajos de saturación de oxígeno en la sangre aumentaron rápidamente y comenzó a respirar mucho mejor, en sincronía con Kyrie. Entonces su rostro pasó del azul al rosa saludable.

En los siguientes días, las gemelas se hicieron más fuertes.
El hospital cambió su política después de esto.

LOS ABRAZOS

PRODUCEN

OXITOCINA

Resumen del capítulo

- La amabilidad nos anima. Ya sea que seamos testigos de ella, la recibamos o la mostremos, produce una sensación de elevación.

- Este sentimiento provoca la liberación de oxitocina, la molécula de la amabilidad, en nuestro cuerpo. Esto, a su vez, desencadena la liberación de óxido nítrico y PNA. El resultado es la dilatación de las arterias y una reducción de la presión arterial. La amabilidad es viagra para las arterias.

- El óxido nítrico previene la formación de las placas que podrían provocar un ataque cardiaco o un derrame cerebral.

· La oxitocina contrarresta dos procesos que conducen al endurecimiento de las arterias: el estrés oxidativo (radicales libres) y la inflamación.

· Debido a todo lo anterior, la amabilidad protege el corazón: es cardioprotectora.

· Ser amable con los animales es bueno para el corazón: ayuda a reducir la presión arterial. Tener un perro reduce de manera significativa las posibilidades de un ataque cardiaco (400%).

· La amabilidad es un antídoto para el estrés, lo cual puede compensar el riesgo que el estrés representa para la salud cardiovascular.

· Los abrazos son buenos para el corazón. Un abrazo al día nos mantiene alejados del cardiólogo.

TERCER BENEFICIO

La amabilidad retrasa el envejecimiento

No dejas de reír porque te haces viejo.
Te haces viejo porque dejas de reír.
MICHAEL PRITCHARD

¿Qué es el envejecimiento? En resumidas cuentas, es el proceso del paso de los años. Se ve en las arrugas demasiado obvias del rostro; la degeneración de los músculos; el desgaste de las articulaciones, y la creciente susceptibilidad a las enfermedades, lesiones y dolencias. Así pues, la mejor manera de examinar la ralentización del envejecimiento y su vínculo con la amabilidad es observar estos procesos y ver qué efectos tiene en ellos el ser amable.

Antes de hacerlo, debes saber que tenemos dos edades: la *cronológica* y la *biológica*. La edad cronológica es el número de años desde el nacimiento; la que celebramos en nuestro cumpleaños. La edad biológica, por su parte, es la que aparenta nuestro cuerpo y depende de muchas cosas: la dieta, el ejercicio, los niveles de estrés, la actitud y si somos amables o no. Nuestra edad biológica puede ser más joven o más vieja que la cronológica.

¿Todo está en tus genes?

«Mi bisabuela vivió hasta los 97 años; mi abuelo hasta los 93 —declaró Rob con orgullo—. Mi padre todavía es joven, apenas tiene 86. Tenemos buenos genes en nuestra familia».

«Los míos no son tan afortunados. Mis abuelos murieron de enfermedades del corazón en los setenta», dijo Jane.

Todo el mundo sabe que el estilo de vida afecta la salud, pero cuando pensamos en la rapidez con la que el cuerpo envejece, la mayoría asumimos que todo se debe a nuestros genes.[1]

Sin querer refutarle nada a mi amigo sobre los genes aparentemente buenos, estuve de acuerdo en que tal vez tendría la misma esperanza de vida que los miembros de su familia. Sin embargo, le expliqué que no se trataba *solo* de genes *buenos*.

La genética solo contribuye en la longevidad alrededor de 20 o 30%. Entonces, ¿por qué muchos miembros de una línea familiar tienen vidas similares? Bueno, ese 20 o 30% de sus genes cuenta, por supuesto. Pero además de transmitir genes, los padres transmiten hábitos alimenticios, niveles de actividad, actitudes, estilo emocional (cómo respondemos a los factores estresantes de la vida cotidiana), comportamientos y formas de relacionarse con los demás. En la ecuación de la salud estos hábitos constituyen una fracción más grande que los genes. Ellos son los que determinan en mayor medida nuestra edad biológica y, por lo tanto, con qué rapidez o lentitud envejece nuestro cuerpo.

Piensa en esto. Aprendemos mucho de nuestros padres y abuelos. Aprendemos qué comer de los alimentos que ellos nos preparan. Los padres sanos tienden a criar niños sanos cuyas probabilidades de convertirse en adultos sanos son mayores. Las personas con tendencias al sabor dulce por lo general, han tenido uno o ambos padres con el mismo gusto. Los padres que hacen ejercicio tienen más probabilidades de animar a sus hijos a hacer actividades físicas que aquellos que no las practican. Con frecuencia, también tenemos el mismo nivel de autoestima que nuestro padre primario, lo cual afecta nuestro estilo emocional, al igual que la forma en que interactuamos y establecemos relaciones.

Por supuesto, vivimos en un mundo diverso y hay muchas excepciones. Simplemente hago algunas generalizaciones para que podamos apreciar que no se trata solo de nuestros genes.

Reconocer esto hace más fácil aceptar que la amabilidad puede tener un impacto en el envejecimiento. De lo contrario, si nos rendimos a nuestros genes, resulta muy fácil decir: «¿Qué sentido tiene?», y no haríamos nada para mejorar nuestra salud.

Un amigo mío, cuya esperanza de vida familiar parecía algo más corta que la de otro amigo, declaró con orgullo que su familia tenía, en general, dietas *impactantes*. «Y no hacen nada de ejercicio, más allá de caminar por las tiendas», exclamó de una manera un tanto aliviada.

¿La familia de mi otro amigo tenía un estilo de vida más saludable? «Sí», respondió de manera sencilla.

Esto nos dice que el estilo de vida, las actitudes hacia las situaciones y hacia las otras personas, y el trato a los demás —con bondad o desprecio, por ejemplo— contribuyen de manera importante en la ecuación de la esperanza de vida. Hay mucho en juego en las apuestas de longevidad, y lo mejor de todo ello es que nuestras decisiones sí importan.

ACTO DE AMABILIDAD
Saca un anuncio en un periódico deseando a todos un buen día.

Los siete grandes factores de envejecimiento

En este capítulo abordaré siete procesos de envejecimiento diferentes y explicaré cómo la amabilidad puede frenarlos.

Los procesos son: *1)* degeneración muscular; *2)* reducción del tono vagal; *3)* inflamación; *4)* estrés oxidativo; *5)* agotamiento del óxido nítrico; *6)* acortamiento de los telómeros; *7)* inmunosenescencia.

Y ahora, comencemos con el primero de ellos.

1) Degeneración muscular

La mayoría de las personas señala el debilitamiento y la pérdida de músculo como típicos del envejecimiento. «Es solo desgaste. Sucede cuando te haces mayor».

Aun cuando esto sea cierto, pocos nos damos cuenta de que la rapidez de este proceso tiene mucho que ver con el ejercicio, el descanso y los alimentos que ingerimos, además de los niveles de estrés y nuestras actitudes hacia el envejecimiento, hacia las otras personas y los animales.

Los músculos se degeneran a medida que envejecemos, pero también se *regeneran*. Las células musculares se reconstituyen de manera natural. Cuando el ritmo de degeneración es más rápido que el de regeneración tenemos entonces el envejecimiento evidente. Por esta razón, las personas que hacen ejercicio se mantienen en forma y más fuertes: el ejercicio fomenta la regeneración muscular.

Mi amigo Skip me contó que había conocido a un hombre de 98 años en Bali que lo había retado para ver quién trepaba más rápido un árbol. Skip tiene una excelente condición física —de hecho, fue un gimnasta campeón británico—, pero el hombre de 98 años lo derrotó.

Tuve una experiencia similar durante los seis meses del año pasado que realicé las remodelaciones del hogar. Era casi un trabajo de tiempo completo. En primer lugar, mi padre y yo tuvimos que quitar los tablones del piso de una de las habitaciones y luego deshacernos de las rocas grandes que había debajo (algo típico en una casa muy antigua), con el fin de colocar el piso nuevo.

Levantar los tablones del piso y quitar los soportes no fue tan difícil. Lo hicimos aproximadamente en una hora. Lo duro fue levantar las rocas pesadas. Cuando desperté a la mañana siguiente, apenas logré salir de la cama. Me dolían músculos que ni siquiera sabía que existían. Caminar hacia la ducha y bajar las escaleras para tomar el desayuno fue muy doloroso. Tenía que moverme con pasos lentos y deliberados.

Preocupado, llamé a papá para ver cómo se encontraba; después de todo, tenía 73 años.

«¡Bien, hijo!», respondió, con una voz asombrosamente entusiasta (para mí). Estaba paseando por la cocina preparando su desayuno. No sentía dolor en absoluto.

¿Cómo era posible? Me encuentro en mis cuarenta y tantos años y no soy ajeno al ejercicio. Solía ser un atleta *amateur* y todavía me mantengo en forma. ¿Cómo podía ser que papá se encontrara tan bien cuando yo me sentía... destrozado? Creo que esa fue la palabra que usé esa mañana.

Simplemente, papá pasó 50 años en el negocio de la construcción. Desde que se jubiló, ha estado caminando al menos 50 kilómetros cada semana. Se ha mantenido en forma y eso ha asegurado que reconstituya muchas de sus células musculares.

Así pues, el ejercicio es una de las maneras en que nuestros músculos se regeneran. ¿Puede la amabilidad ayudarles a regenerarse también?

ACTO DE AMABILIDAD
Ofrécete para hacer algunas compras por alguien
que no puede hacerlo por sí mismo.

Cómo conseguir músculos más jóvenes

Para reconstituir las células musculares necesitamos células madre que las generen. Se puede pensar en una célula madre como en el tallo de una flor, pero sin cabeza. En esencia, es solo un tallo. A partir de este, puede crecer cualquier cabeza, dependiendo de su entorno. Las células madre de los músculos se convierten en musculares; del cerebro, en cerebrales; del corazón, en cardiacas, y así sucesivamente, todas potencialmente del mismo tallo.

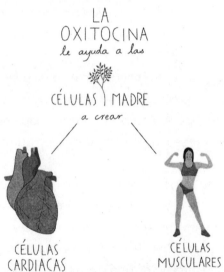

Los científicos de la Universidad de California, en Berkeley, estaban estudiando la regeneración de los músculos cuando hicieron un importante descubrimiento: las células madre no tienen mucho éxito al convertirse en células musculares cuando no hay mucha oxitocina.[2] Si no hay suficiente fluyendo alrededor, los músculos no logran regenerarse; por lo tanto, se debilitan y envejecen con mayor rapidez.

Para regenerar los músculos, necesitamos tener los grifos de oxitocina abiertos. Y no solo los músculos que nos permiten caminar y levantar objetos (músculos esqueléticos), sino los de nuestro corazón, de acuerdo con los nuevos descubrimientos de la ciencia.[3] La oxitocina ayuda a que las células del músculo cardiaco también se generen a partir de células madre; cuando hay carencia de oxitocina alrededor, esto *tampoco* sucede con mucho éxito.

Por lo tanto, la próxima vez que recibas un abrazo o una mirada amorosa, piensa en cómo la oxitocina está ayudando a convertir los músculos viejos en jóvenes: en tus brazos y piernas, y también en tu corazón. El amor y la amabilidad, en efecto, pueden reparar en verdad un corazón roto. Y este es un pensamiento agradable.

Cuando expliqué esto una vez, obtuve la siguiente respuesta: «¿Será que ser amable o bondadoso es un antídoto contra el estrés, y entonces la amabilidad tan solo neutraliza los efectos dañinos del estrés en nuestros músculos?».

Es un punto razonable. El estrés acelera el envejecimiento y la amabilidad contrarresta al estrés; por lo tanto, la amabilidad retarda el envejecimiento. La clave aquí es que más allá de contrarrestar los efectos del estrés, la amabilidad actúa directamente sobre la regeneración muscular a nivel celular.

2) Reducción del tono vagal

El nervio vago desempeña un papel muy importante en el retraso del envejecimiento. La palabra *vago* viene del latín *vagus*, «vagar», porque este nervio literalmente vaga por todo el cuerpo. «Va de un lado a otro», así se lo describí a una mujer. Ella arqueó las cejas. Es consejera de relaciones, así que puedo entender la manera en que me miró. Pero al «ir de un lado a otro», el nervio vago afecta muchos sistemas del cuerpo.

De la misma manera que el tono muscular refleja la salud y el estado físico de los músculos, el tono vagal refleja la salud y el estado físico del nervio vago. Por lo general, el tono vagal es alto en los niños y se reduce de manera gradual a medida que envejecemos.

¿Por qué en el envejecimiento es importante la reducción del tono vagal? Bueno, un buen tono vagal mantiene el modo de «descanso, digestión y regeneración» en el cuerpo. Lo ayuda a obtener el descanso que necesita; a digerir los alimentos para mantenerlo nutrido y energizado, y a regenerarse a medida que se produce el desgaste. Además, permite que el nervio vago ayude a los órganos a trabajar en armonía unos con otros. Por lo tanto, podemos considerar que el tono vagal nos protege contra el envejecimiento. Si es bajo, perdemos algo de esa protección.

ACTO DE AMABILIDAD
Llévale a un ser querido su desayuno a la cama.

Si tomas tu pulso, podrás notar cómo trabaja el nervio vago. Observarás que tu ritmo cardiaco se acelera cuando inhalas y disminuye cuando exhalas. La ralentización al exhalar se debe a que el nervio vago está enviando al cuerpo a su modo de descanso, digestión y regeneración. La diferencia de la frecuencia cardiaca en la inhalación y la exhalación es una medida del tono vagal. Cuanto mayor sea la diferencia, en términos generales, mayor será el tono vagal.

Entonces, ¿cómo aumentamos el tono vagal y, por lo tanto, damos a nuestro cuerpo una mayor protección contra el envejecimiento? Bueno, así como podemos ir al gimnasio y mejorar nuestro tono muscular, también podemos ejercitar nuestro nervio vago y mejorar nuestro tono vagal.

Cómo aumentar el tono vagal

El tono vagal va de la mano con la compasión y la bondad. Un tono vagal alto está asociado con una amplia gama de comportamientos compasivos y bondadosos.

Este vínculo fue identificado por primera vez por Stephen Porges, de la Universidad de Chicago, quien descubrió un punto de unión entre el nervio vago y las relaciones sociales. Esto ha sido ampliamente conocido como la *teoría polivagal*.[4]

Para ejemplificar cómo el tono vagal está asociado a la compasión y la bondad, un grupo de menores observó videos de unos niños que resultaron heridos en accidentes y se encontraban en el hospital. A todo el grupo se le midió el tono vagal.

Después, los niños tenían la oportunidad de llevar la tarea a los lesionados en el hospital. Aquellos que tenían los tonos vagales más altos fueron quienes mostraron más probabilidades de ofrecerse como voluntarios para hacerlo.[5]

En otro estudio, realizado en la Universidad de California, en Berkeley, Jenny Stellar invitó a voluntarios a ver un video de una persona que describe un evento triste (una muerte en la familia), a observar fotografías que mostraban situaciones de sufrimiento humano (por ejemplo, niños hambrientos) o videos de niños enfermos de cáncer. Fueron comparados con un grupo de control que vio un video soso (por ejemplo, alguien construyendo una cerca). Los que reportaron sentir una mayor compasión fueron quienes tenían el tono vagal más alto.[6]

Dado que el tono vagal alto está relacionado con una mayor compasión y bondad, y un tono vagal bajo con una compasión reducida y un comportamiento menos bondadoso, la pregunta es la siguiente: ¿la práctica de la compasión y la bondad puede aumentar el tono vagal? De hecho, sí. Practicar la bondad y la compasión es una manera de llevar el nervio vago al gimnasio.

ACTO DE AMABILIDAD
Haz a alguien un regalo.

Ya tuvimos un breve encuentro con la meditación sobre la bondad amorosa en el primer capítulo. A menudo es llamada *mettā*, el término pali (el lenguaje sagrado del budismo) para *bondad amorosa*. Se define como «el deseo de que otros encuentren verdadera felicidad y bienestar» y tiene sus raíces en una actitud de compasión y bondad. Los científicos la utilizan para estudiar los efectos de la compasión y la bondad en un entorno controlado debido a que todos hacen la misma meditación.

El meditador repite una serie de deseos tales como: «Que [un ser querido] esté lleno de bondad amorosa, que esté bien, que esté tranquilo, que se sienta feliz, libre de sufrimiento». Enfocan estos deseos en ellos mismos, en sus seres queridos, en gente al azar, en personas que les causan algo de estrés y en todos los seres sensibles (todo tipo de vida), creando un círculo de compasión que se va ampliando de manera gradual. Con la práctica, esto genera fuertes sentimientos de compasión y una motivación para la bondad.

En la Universidad de Carolina del Norte, en Chapel Hill, la psicóloga Bárbara Fredrickson y su equipo llevaron a cabo un estudio en el que participaron 65 hombres y mujeres. Consistía en asistir a clases semanales de meditación sobre la bondad amorosa durante seis semanas y se les alentaba a realizar la práctica todos los días. Fueron comparados con un grupo de control que no realizaba la meditación. El tono vagal de todos se midió al inicio y al final del estudio.

Después de las seis semanas, el tono vagal había aumentado de manera significativa en quienes habían meditado sobre la bondad amorosa, y no mostró cambio alguno en el grupo de control. La práctica de la compasión y la bondad había aumentado directamente el tono vagal.[7]

ACTO DE AMABILIDAD

Compra el almuerzo o la cena para alguien que tenga poco dinero.

Tengo mucha experiencia personal con esta meditación. La practico y la enseño a menudo. He aprendido que crea sentimientos *consistentes* de afecto, compasión, buena voluntad y pensamiento bondadoso. En efecto, cuando realizamos esta práctica, nuestros pensamientos hacia los demás se van suavizando, y no solo durante la meditación sino en el desarrollo de nuestra vida cotidiana. Creo que esto incrementa el tono vagal.

Por lo tanto, la meditación sobre la bondad amorosa no es la única manera de aumentar el tono vagal. Cualquier forma en que desarrollemos nuestra capacidad de compasión y la expresemos con bondad producirá el mismo efecto.

Esto plantea una vez más la necesidad de desarrollar la compasión para beneficiarnos a nosotros mismos. ¿Estamos siendo egoístas? Un practicante budista me señaló que la compasión se debe desarrollar para el beneficio de la vida en su totalidad. Estoy totalmente de acuerdo. Ese debe ser el propósito primordial de desarrollar la compasión. Pero también estamos hablando de salud. Una vez que conocemos el vínculo entre el tono vagal y la compasión, no podemos ni siquiera fingir que no lo sabemos, o ser compasivos para no sentirnos juzgados como egoístas. Las cartas ya están puestas sobre la mesa, por así decirlo.

En mi opinión, el hecho de saber que cultivar la compasión —lo cual finalmente beneficiará a otros— es una forma de mejorar nuestra propia salud, tan solo nos da una doble razón para practicarla.

3) Inflamación

Como ya lo he mencionado, la inflamación es la reacción del cuerpo a una herida o lesión. Es una respuesta vital del sistema inmunológico para llevar sangre, oxígeno y nutrientes al sitio de la herida y sanarla.

El problema con la inflamación es que cuando tiene lugar más allá de lo que el organismo puede controlar, obtenemos una inflamación persistente (crónica) leve, en la que esta alteración patológica básicamente se sigue acumulando.

En un intento por darle sentido a todo esto, una amiga dijo alguna vez: «Es un poco como si mis hijos ensuciaran la casa más rápido que mi capacidad de limpiarla, de manera que esta se encontraría cada vez más desordenada».

¡Esto lo resume!

Su casa cada vez más desordenada es una buena analogía, ya que necesitamos tener cuidado con las consecuencias de este tipo de inflamación. Puedes pensar que es como un fregadero con un grifo que gotea. En algún momento el fregadero se llenará y el agua terminará por derramarse, lo que causará daños colaterales en el piso y en las unidades de cocina circundantes.

Del mismo modo, una inflamación persistente leve puede acumularse y causar daños colaterales en el corazón, las arterias, el cerebro, la piel y, de hecho, en todos los órganos internos. Esto está relacionado con casi todas las enfermedades graves que conocemos, como el cáncer, las cardiacas, la diabetes, la artritis, la esclerosis múltiple, la debilidad y el alzhéimer. De esta manera, la inflamación desempeña un papel importante en el envejecimiento. Tan es así que Claudio Franceschi, profesor del Departamento de Patología Experimental de la Universidad de Bolonia, Italia, experto en el papel que juega la inflamación en el envejecimiento, acuñó el término *inflammaging*.* Incluso se ha sugerido que, si no fuera por la inflamación, el cuerpo humano tendría el potencial genético de vivir hasta 150 años.[8]

Reducir la inflamación es ahora uno de los principales enfoques que los investigadores están adoptando para encontrar un medicamento que retrase el envejecimiento.

Cómo reducir la inflamación

Cabe destacar que el cuerpo tiene su propio proceso para controlar la inflamación, de la misma manera en que mi amiga hace todo lo posible por mantener su casa ordenada.

Se trata, otra vez, del nervio vago en funciones, en lo que se conoce como *reflejo inflamatorio*.[9] Fue descubierto en 2002 por Kevin J. Tracey, un neurocirujano y profesor de neurocirugía de la escuela de medicina Hofstra Northshore en Nueva York y presidente del Feinstein Institute for Medical Research. Tracey describe cómo el nervio vago es el *freno primario* de la inflamación.

Piensa en los dos frenos de tu auto. Ahí está el freno principal, que operas con el pie (el primario), y luego está el freno de mano (el secundario), que solo usas cuando estacionas tu automóvil o necesitas evitar que ruede en una pendiente suave.

Un tono vagal alto básicamente equivale a un reflejo inflamatorio eficiente y, por lo tanto, una buena capacidad para mantener la inflamación crónica leve y su daño colateral al mínimo.[10]

La meditación sobre la bondad amorosa no es solo una buena manera de aumentar el tono vagal; desde que se descubrió el

---

* N. de la T.: Este término es la combinación de dos palabras en inglés: *inflammation*, «inflamación», y *aging*, «envejecimiento».

vínculo entre este y la inflamación, los científicos han ampliado las investigaciones para medir los efectos directos de la compasión y la bondad sobre la inflamación.

Un estudio comparó la inflamación en 33 personas que practicaron la meditación sobre la bondad amorosa durante seis semanas con la de 28 personas de un grupo de control que no llevó a cabo la meditación. Después de las seis semanas, quienes habían practicado la meditación tenían niveles de inflamación mucho más bajos. Incluso aquellos que la practicaron con más intensidad tenían los niveles de inflamación aún más bajos que el resto.[11]

ACTO DE AMABILIDAD

Si alguien está distribuyendo folletos en la calle, toma uno, sonríe y agradécele por habértelo ofrecido. Haz evidente que lo estás leyendo.

4) Estrés oxidativo

¿Recuerdas la historia sobre las gafas de Harry Potter y los radicales libres?

De manera similar en el desbordamiento de la inflamación, tenemos oxidación (estrés oxidativo) cuando hay más radicales libres que capacidad para deshacerse de ellos. En las arterias, esto conduce a la formación de placas. En el cerebro, a la pérdida de memoria y dificultad para concentrarse. En la piel provoca arrugas y otros signos visibles de envejecimiento.

Esta es la razón por la cual varios productos faciales contienen antioxidantes: eliminan los radicales libres. Las cremas para el rostro envían los antioxidantes directamente al lugar requerido y eliminan los radicales libres. Sin embargo, para reducir la formación de arrugas e incluso eliminar algunas de las que ya tenemos, solo necesitamos producir antioxidantes *naturales*. Aquí es donde la oxitocina entra de nuevo en funcionamiento.

Alisando esas arrugas

Piensa por un instante en cómo la piel envejece cuando nos encontramos bajo estrés o en medio de un conflicto emocional. En esos momentos nos hace falta oxitocina. Hay una conexión aquí. Resulta que la oxitocina desempeña un papel absolutamente vital para mantener nuestra piel joven y saludable. Si no llega en la medida suficiente a la piel, esta envejece más rápido.

LA AMABILIDAD RETRASA EL ENVEJECIMIENTO

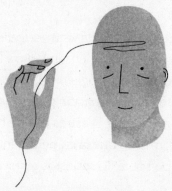

Esto fue demostrado en una investigación publicada en la revista *Experimental Dermatology*. Los científicos estudiaron dos tipos de células cutáneas: los *queratinocitos*, que son las células que constituyen 90% de la capa externa de la piel, y los *fibroblastos*, las que producen colágeno. Básicamente, encontraron que a medida que la oxitocina aumenta, los radicales libres se reducen en los queratinocitos y fibroblastos. Mientras menos oxitocina, más radicales libres.[12]

La oxitocina es *necesaria* para mantener nuestras células cutáneas sanas y jóvenes. Por lo tanto, cuando no mantenemos nuestros niveles de oxitocina a través de cómo pensamos acerca de las personas y cómo las tratamos, existe el riesgo de que nuestra piel envejezca más rápido.

«¡No hay forma de que ser amable suavice las arrugas! —exclamó una dama en uno de mis talleres—. La mente puede afectar muchas cosas, ¡pero no a la piel! Soy una persona amable, pero tengo arrugas de cualquier forma. ¡Esto es tan solo el envejecimiento normal!».

Puedo entender por qué ella pensaba de esa manera. Suena un poco descabellado. Por lo general, no imaginamos que ser amables pueda afectar nuestra piel. Y la formación de arrugas es un proceso natural de envejecimiento, claro; sin embargo, como ya señalé, la rapidez con que estas se forman depende de nuestros niveles de estrés, nuestra dieta y de cómo *somos* (por ejemplo, bondadosos *vs.* desdeñosos).

«Piénsalo desde otro punto de vista —sugerí—. Fíjate en cómo la vergüenza te causa sonrojo. Un pensamiento y la sensación que lo acompaña alteran el flujo de sangre en la piel del rostro. ¿Qué hay de la manera en que la preocupación puede hacer que tu cabello se vuelva blanco? ¿O en que el estrés puede hacerte envejecer? ¿Qué pasa con la forma en que la ira persistente se puede grabar en el rostro de una persona? Todos estos son sentimientos y tienen un efecto visible».

La preocupación, el estrés y la ira persistente nos envejecen debido a la producción de los radicales libres y al estrés oxidativo que causan. Básicamente, la amabilidad produce oxitocina; esa *molécula de amabilidad* limpia los radicales libres de la piel, y, de esta manera, retarda su envejecimiento.

ACTO DE AMABILIDAD

Si alguna vez te dan demasiadas monedas de cambio,
llévalas de regreso a la tienda.

Por otra parte, nuestra sociedad se ha obsesionado un poco con los tratamientos para eliminar las arrugas. El número de cirugías plásticas por motivos estéticos se ha disparado en los últimos años. Pero ¡esta es la cuestión!, ser amable con el único fin de alisar nuestras arrugas podría no funcionar. Verás, la oxitocina solo se produce cuando la amabilidad es genuina. Si se trata de amabilidad a medias tan solo para obtener rápidamente el beneficio de un efecto secundario, entonces este efecto no se producirá.

Por lo tanto, no hagas de las arrugas tu motivo para ser amable o bondadoso. Más bien, que tu meta sea la amabilidad y solo observa lo que sucede después. Satura tu mente con ideas positivas sobre las personas. Cultiva sentimientos de afecto. Permítete sentir ánimo al realizar actos de belleza moral. Podrías sorprenderte de lo mucho que esto hará por tu piel.

5) Agotamiento del óxido nítrico

El óxido nítrico es importante para mantener una presión arterial saludable. También se considera vital para mantener una circulación saludable, para que la sangre y los nutrientes puedan llegar a los músculos, la piel, el corazón, los pulmones y el cerebro. Ayuda a oxigenar los músculos dando más energía y resistencia. Contribuye a regenerar los vasos sanguíneos, combatir infecciones y mantener nuestro metabolismo saludable. Favorece la absorción de nutrientes en el tracto gastrointestinal. Facilita que mantengamos la memoria aguda y la mente enfocada. No es de extrañar que el doctor Louis Ignarro lo haya llamado la *molécula milagrosa*.[13]

Desafortunadamente, los niveles de óxido nítrico tienden a disminuir a medida que envejecemos; esto lo convierte en uno de los procesos clave del envejecimiento. En parte a esto se debe que la presión arterial tienda a aumentar a medida que envejecemos y que la función sexual masculina pueda disminuir. El viagra se ha vuelto tan popular gracias a que aumenta los niveles de óxido nítrico al estimular la generación de esta sustancia en el pene. El agotamiento del óxido nítrico puede provocar que los músculos no se recuperen rápidamente después del ejercicio, ya que no obtienen suficiente flujo de sangre y oxígeno. También es una de las causas por las cuales nos volvemos olvidadizos y tenemos dificultad para concentrarnos a medida que envejecemos.

No solo eso: el agotamiento del óxido nítrico está asociado a muchas enfermedades ligadas al envejecimiento.[14] Dado que desempeña un papel crítico en el mantenimiento de la presión arterial, la circulación, y previene la formación de placa, cuando los niveles de óxido nítrico se agotan, aumentan los riesgos de ataque cardiaco y apoplejía.

Asimismo, en sus niveles más bajos aumenta el riesgo de enfermedades neurodegenerativas, incluido el alzhéimer. Las investigaciones muestran que las placas amiloides, las que se cree que consolidan esta enfermedad, tienen más probabilidades de formarse si hay escasez de óxido nítrico.[15] Mantener los niveles de óxido nítrico elevados podría ser una de las mejores protecciones contra la demencia.

ACTO DE AMABILIDAD

Dona sangre.

Algunos científicos creen que mantener nuestros niveles de óxido nítrico es lo más importante para mantener nuestra salud general y retardar el envejecimiento.

Bombéalo

El óxido nítrico es un gas. En realidad no hay burbujas flotando en las arterias, pero es una buena analogía que nos permite pensar en bombear los niveles de óxido nítrico en nuestro organismo.

El ejercicio es bueno para lograr esto. Hay muchos alimentos que también aumentan los niveles de óxido nítrico, como los frijoles, el cilantro, la sandía, las nueces, los pistaches, el chocolate negro (por el cacao), las granadas, las espinacas, la col rizada, el arroz integral, la remolacha, el ajo y el salmón.

Consideré que sería útil mencionar esto aquí, pero por supuesto recordarás la secuencia del último capítulo:

La amabilidad produce oxitocina, que a su vez produce óxido nítrico.

En resumen, el óxido nítrico también es una *molécula de la amabilidad* debido a que es producida por ella.

De acuerdo con un estudio simple, bastaron 20 minutos de meditación sobre la amabilidad o bondad amorosa para elevar de manera significativa los niveles de óxido nítrico en un grupo de personas que realizaban esta práctica.[16]

Sabemos que este tipo de meditación estimula la compasión y los sentimientos bondadosos; estos *sentimientos* a su vez producen el óxido nítrico. He ahí la clave.

El solo hecho de mantener *pensamientos* bondadosos sobre los demás es importante: sonreírles, escuchar sus historias, ver lo mejor de ellos y evitar la tentación de enfocarse en los defectos. Todas estas cosas aumentan los niveles de óxido nítrico.

El óxido nítrico no solo retarda el envejecimiento. Algunos estudios sugieren que su aumento podría prolongar la vida útil, tal vez debido a que mantiene las arterias saludables, la presión arterial baja y la circulación en niveles sanos.[17]

El óxido nítrico en verdad podría ser la *molécula milagrosa*, y accedemos a ese milagro a través de la bondad, el amor, el afecto, la compasión y la elevación.

6) Acortamiento de los telómeros

En 1976 la bióloga Elizabeth Blackburn descubrió los telómeros, investigación por la cual le otorgaron el Premio Nobel de Medicina en 2009. Su importancia es tal que, en 2007, Blackburn apareció en la lista de las 100 personas más influyentes del mundo en la revista *Time*.

Los telómeros son extremos en el ADN que evitan que este se deshaga cuando las células se dividen. Una buena analogía son los herretes de plástico de los cordones; una vez que se desgastan, ya no podemos pasarlos por el ojal del calzado. De manera similar, una vez que los telómeros se desgastan, el ADN se desenreda y la célula muere. Por eso los telómeros son tan importantes en el envejecimiento. La longitud del telómero es, de hecho, una de las formas más precisas de medir la edad biológica. Y ralentizar su desgaste es una forma poderosa de retardar el envejecimiento a nivel genético.

Fortaleciendo nuestros telómeros

Entonces, ¿cómo se desgastan los telómeros? Bueno, en realidad se trata de los culpables de siempre: estrés, dieta, estilo de vida, actitud y comportamiento.

Varios estudios muestran que las personas bajo estrés tienden a tener telómeros más cortos. El estrés también puede ser una consecuencia de la actitud. Una actitud positiva frente a los factores estresantes cotidianos —los inconvenientes que diariamente todos debemos enfrentar— nos ayuda a superarlos con menos tensión. Y los actos de bondad o amabilidad, incluso en situaciones agobiantes, como ya aprendimos, ayudan a mantener bajos los niveles de estrés.

La amabilidad nos ahorra mucho estrés y, por extensión, afecta la longitud de nuestros telómeros.

Los entornos familiares pueden ser para muchos una fuente temprana de estrés. El programa AIM (por sus siglas en inglés: *Adults in the Making*, que quiere decir Adultos en Potencia) tiene como objetivo reemplazar el estrés con apoyo emocional y bondad; se basa en la idea de que las relaciones familiares positivas y de apoyo son saludables.

En un estudio realizado en el Centro de Investigación Familiar de la Universidad de Georgia midieron los telómeros a 216 jóvenes afroamericanos de secundaria al inicio del programa, cuando tenían 17 años, y nuevamente cinco años después.

Hubo seis sesiones semanales de capacitación en las que los jóvenes aprendieron cómo hacer planes para su futuro e identificar a las personas de su comunidad que podrían ofrecerles apoyo práctico y emocional, así como orientación para hacer frente a sus problemas, que incluían la discriminación racial.

Sus padres también recibieron sesiones de capacitación semanales para desarrollar una variedad de habilidades, incluida la forma de ayudar a sus hijos de manera emocional y práctica. Además, cada semana se organizaba una sesión conjunta de padres e hijos, que consistía en ayudarlos a entenderse mejor y establecer vínculos entre ellos. En última instancia, el programa trajo más bondad, apoyo y vinculación emocional en la vida de los jóvenes.

La medición, realizada cinco años después de comenzadas las sesiones, mostró que la longitud de los telómeros se había acortado en el grupo de control que no había recibido la capacitación AIM, y no había cambiado en el grupo que sí la recibió.[18]

La bondad y los niveles más altos de calidez y apoyo emocional, junto con la orientación práctica y las habilidades para resolver problemas, habían protegido a los jóvenes contra la pérdida de la longitud de los telómeros y, en efecto, habían reducido su tasa de envejecimiento.

La importancia de la bondad y el apoyo emocional en la vida de los jóvenes (y personas de todas las edades) no es exagerada. Claramente, impacta a nivel genético.

ACTO DE AMABILIDAD

Escribe una carta de gratitud para alguien que haya influido en tu vida, entrégala en persona y léesela en voz alta.

En un tipo diferente de estudio realizado por Elizabeth Hoge, en el Hospital General de Massachusetts, se midió la longitud de los telómeros de 15 meditadores experimentados en la práctica de la bondad amorosa y 22 personas de la misma edad que no practicaban la meditación.

Las personas del primer grupo llevaban al menos cuatro años practicando esta meditación todos los días, por lo cual habían acumulado un promedio de 512 horas de sentimientos de amor, afecto, compasión y bondad. Hoge descubrió que tenían telómeros mucho más largos que los no meditadores, y que el efecto era especialmente pronunciado en las mujeres que meditaban sobre la bondad amorosa.[19]

En efecto, los sentimientos cálidos de amor, afecto, compasión y bondad que la meditación creó protegieron los telómeros de estas personas contra el desgaste diario.

En conclusión, estos estudios demostraron que la calidez emocional, el apoyo emocional, el amor, la bondad y la compasión —todos los aspectos de la bondad— habían disminuido el envejecimiento a nivel genético.

7) Inmunosenescencia

Inmunosenescencia: debilitamiento gradual del sistema inmunológico que se produce con la edad.

El sistema inmunológico es la red de células, tejidos y órganos que protege nuestro organismo de infecciones y enfermedades. Se va debilitando de manera gradual con la edad, lo que nos hace más propensos a las enfermedades; además, afecta la rapidez con la que nos recuperamos una vez que estamos enfermos.

Sin embargo, al igual que en todos los demás procesos de envejecimiento, la inmunosenescencia no se produce por sí sola. Se ve afectada por la dieta y el estilo de vida; los niveles de estrés; cuánto dormimos; cómo pensamos, sentimos y nos comportamos.

Sabemos desde hace mucho tiempo que el estrés afecta al sistema inmunológico. Las personas bajo estrés tienden a contraer más resfriados y ser más propensas a las infecciones, por ejemplo.

La actitud también afecta al sistema inmunológico. Una actitud que en general es positiva ante los factores estresantes de la vida nos ayuda a recuperarnos más rápidamente de las enfermedades cotidianas.

Aun cuando no sea popularmente considerado por nuestra cultura, el sistema inmunológico también responde a las manifestaciones y sentimientos de bondad, empatía, compasión, amor, afecto y elevación.

El efecto Madre Teresa

En un famoso estudio que realizaron científicos de la Universidad de Harvard, 132 estudiantes vieron un video de 50 minutos donde la Madre Teresa realiza actos de bondad. Era un video inspirador y se sintieron elevados por ello.

Antes y después del video se tomaron muestras de saliva para medir los niveles de un componente importante del sistema inmunológico conocido como *inmunoglobulina A salival* (IgA). Se trata de la primera línea de defensa del sistema inmunológico contra los agentes patógenos que ingerimos en los alimentos.

Los científicos descubrieron que los niveles de IgA de los estudiantes habían aumentado de manera significativa al ver la película. Incluso cuando revisaron los niveles una hora más tarde, estos seguían siendo altos.

Los científicos atribuyeron el hecho de que los niveles se mantuvieran altos a la elevación de los estudiantes; es decir, ellos «continuaban concentrados en las relaciones amorosas que caracterizaban la película».[20]

«Como es adentro, es afuera...». La elevación que surge cuando observamos un hecho exterior de la vida eleva el sistema inmunológico en el interior de nuestro organismo.

Hoy en día, los resultados de este estudio se conocen cariñosamente como el *efecto Madre Teresa*.

ACTO DE AMABILIDAD
Si te preparas un café en la oficina, ofrece uno a los colegas que te rodean, o simplemente sorprende a alguien con un café a tu regreso.

En otro experimento, científicos del Instituto HeartMath en Boulder, Colorado, midieron los niveles de IgA de un grupo de voluntarios; después les pidieron que generaran y mantuvieran un sentimiento de apreciación y compasión durante cinco minutos. Inmediatamente después, volvieron a medir sus niveles de IgA.

Aunque solo se trató de un periodo de tiempo reducido, los niveles de IgA de los voluntarios habían aumentado 50%, y no solo eso: continuaron elevados horas después; de hecho, tomaron alrededor de cinco horas en volver a los niveles normales.[21]

Esto muestra con claridad que cuando tenemos sentimientos asociados con la bondad, la apreciación, la compasión, la elevación, el amor, el afecto y la conexión cálida, nuestro sistema inmunológico recibe un impulso.

Es el mismo efecto que produce cuando alguien nos muestra empatía. Cuando el médico, por ejemplo, es empático con nosotros, nos relajamos. Nos hace sentir escuchados, reconfortados y esperanzados; esto reduce en gran medida el estrés asociado a la consulta médica. Esto también influye en la forma en que responde el sistema inmunológico y, en última instancia, en la rapidez con que nos recuperamos de la enfermedad.

Esto fue demostrado en un ensayo aleatorio controlado en 719 pacientes con resfriado común. A alrededor de la mitad se le ofreció una consulta estándar con su médico y la otra mitad recibió lo que llamaron una consulta *mejorada*, en la cual el médico enfatizaba la empatía. Los pacientes completaron el cuestionario CARE (Consulta y empatía relacional, por sus siglas en inglés) para que los científicos pudieran monitorear los niveles de empatía que los pacientes percibían, lo cual reflejaría cómo se sentieron durante la consulta.

Se midió la duración del resfriado de cada paciente, así como su respuesta inmune. Aquellos que recibieron una consulta *mejorada* y les habían asignado una puntuación perfecta en el cuestionario CARE (223 pacientes) tuvieron un resfriado de menor gravedad; se recuperaron más rápidamente que los demás y tuvieron una función inmunológica más alta. El simple hecho de haberse sentido atendidos y escuchados tuvo un impacto directo en el sistema inmunológico de estos pacientes.[22]

Estos tres estudios demuestran que podemos estimular nuestro sistema inmunológico con aquellas situaciones que despiertan nuestra atención y con la manera en que nos sentimos a partir de estas experiencias.

Piénsalo de otra manera. A menudo el estrés es causado por aquello en lo que nos enfocamos. Una fecha límite en el trabajo puede causar estrés; incluso la sola idea de la fecha límite puede provocar el mismo efecto. Y el sistema inmunológico puede suprimir el estrés.

Lo mismo sucede con la amabilidad, excepto que los pensamientos que provocan los sentimientos de bondad, conexión, compasión y afecto elevan el sistema inmunológico.

Resumen del capítulo

- La amabilidad tiene la capacidad de frenar siete procesos de envejecimiento: degeneración muscular, reducción del tono vagal, inflamación, estrés oxidativo, agotamiento del óxido nítrico, acortamiento de los telómeros e inmunosenescencia.

- La amabilidad ayuda a la *regeneración* muscular porque la oxitocina desempeña un papel crucial en este proceso. Sin la suficiente oxitocina, la regeneración muscular es más lenta.

- La amabilidad aumenta también el tono vagal, lo que nos permite mejorar nuestra capacidad para neutralizar la inflamación persistente (crónica) leve, la cual desempeña un papel crucial en muchas enfermedades y en el envejecimiento.

· Al producir oxitocina, la amabilidad puede ayudar a eliminar los radicales libres que causan el estrés oxidativo. Esto es importante para las arterias, el envejecimiento de los tejidos y la piel en particular. Los radicales libres desempeñan un papel clave en la formación de arrugas. Por lo tanto, a medida que producimos más oxitocina por medio de la amabilidad, podemos retardar el desarrollo de los signos más visibles del envejecimiento.

· El agotamiento de óxido nítrico es uno de los factores clave del envejecimiento porque es una molécula necesaria para mantener varios sistemas del cuerpo. Podemos aumentar el óxido nítrico en nuestro organismo con pensamientos, sentimientos y actos de amabilidad constantes. Al igual que la oxitocina, el óxido nítrico es una *molécula de la amabilidad*.

· Los telómeros son los extremos del ADN. Retrasar su desgaste retrasa el envejecimiento; por otro lado, se ha demostrado que la bondad, la compasión y el apoyo emocional retrasan sustancialmente la pérdida de la longitud del telómero.

· La inmunosenescencia es el debilitamiento gradual del sistema inmunológico a causa de la edad. Los sentimientos de elevación que produce la amabilidad, como se muestra con el *efecto de la Madre Teresa*, pueden estimular el sistema inmunológico.

La amabilidad mejora nuestras relaciones

Frente al toque del amor, cualquiera
se convierte en poeta.
PLATÓN

«Elijo la bondad». Esa fue la respuesta que dio la mayoría de las personas cuando se les preguntó qué es lo que más deseaban en una posible pareja.

Se trata de un gran estudio aplicado a más de 10 000 jóvenes de entre 20 y 25 años, que abarcó 33 países diferentes de seis continentes. Sin excepción, en todas estas culturas, la bondad fue la primera opción.[1]

Esto podría ser una sorpresa. Pensaríamos que un prospecto de buena apariencia o con excelentes finanzas serían lo primero. Esto se debe a que, por lo general, pensamos en cómo responderían *otras* personas. Cuando se nos pregunta qué queremos *nosotros* (y nos tomamos un minuto o dos para pensarlo), la mayoría elegimos la bondad.

Ciertamente, ese es el resultado que obtengo una y otra vez cada que hago un sondeo en mis conferencias o talleres.

ACTO DE AMABILIDAD

Invita a alguien a una noche de fiesta.

Supervivencia del más amable

Es natural que nos atraigan las personas amables o bondadosas. Nos resultan atractivas porque un antiguo instinto en nuestro interior sabe que la bondad es el fundamento sobre el que toda la vida humana existe.

Permíteme tomarme un momento para explicar las razones por las cuales nos atrae la bondad, de modo que podamos entender cómo y por qué esta mejora las relaciones. Todo tiene que ver con nuestros genes y cómo evolucionamos.

Nuestros genes fueron formados durante millones de años. Así es como funciona. Digamos que una tribu de nuestros antiguos ancestros tiene el gen A; la otra, el gen B. Para hacerlo un poco más colorido, digamos que el gen A es rosado y el B es azul.

Ahora, el gen rosa y el gen azul hacen cosas muy diferentes. El rosado hace que las personas compartan sus recursos y cuiden el bienestar de los demás. Piensa en ello como un gen de bondad. El azul, por su parte, es en gran medida el gen del *yo primero*, y las personas que lo tienen no están tan preocupadas por el bienestar de los demás. Mientras ellas se encuentren a salvo, es suficiente.

Ahora, en la naturaleza, dos procesos trabajan para darnos forma. El primero tiene que ver con la energía.

La tribu de los genes rosados consume menos energía como grupo porque comparten entre ellos; solo unos pocos miembros necesitan reunir la comida para el grupo. Recolectar alimentos demanda mucho más energía a la tribu del gen azul, como grupo, porque todos sus miembros tienen que valerse por sí mismos.

La naturaleza es bastante eficiente y tiende a favorecer los procesos de baja energía, porque, con el tiempo, a medida que la disponibilidad de alimentos fluctúa, cuanta menos energía necesitemos para sobrevivir, mejor. De esta manera, la tribu del gen rosa prospera y crece mucho más que la del azul. Al final, en el conjunto del acervo genético, hay muchos más genes rosados que azules.

ACTO DE AMABILIDAD

Envía chocolates en Navidad a una compañía que te haya brindado un buen servicio.

El segundo proceso natural que da forma a la vida humana tiene que ver con la formación de vínculos (relaciones).

La tribu del gen rosa tiene relaciones fuertes. La tribu del gen azul tiene relaciones débiles. Esto se debe a que el acto de compartir fortalece las relaciones entre los miembros de la tribu del gen rosa.

Puedes ver algo semejante todos los días. Las personas que comparten tienden a desarrollar buenas relaciones, mientras que las egoístas tienden a tener relaciones más débiles. Tiene sentido.

Volviendo de nuevo a las tribus, la de genes rosas prospera durante un largo periodo porque cuando se encuentran frente al peligro de los animales salvajes o de otras tribus, sus miembros trabajan juntos; cuando hay hambre, comparten. La tribu del gen azul no hace esto. Cuando hay hambre o peligro, solo unos pocos sobreviven.

Esto se conoce como *supervivencia del más apto*, pero observa que el más apto no es el más robusto ni el más fuerte, como usualmente se cree, sino el *más bondadoso*. Es la tribu del gen rosa.

En pocas palabras, la bondad crea vínculos fuertes entre los miembros de un grupo y da la fuerza. Esta fuerza es la que cuenta en las apuestas de supervivencia. Entonces, con el tiempo, hay muchos más genes rosados que azules en el acervo genético.

Ahora, adelantemos el reloj unos cuantos millones de años hasta el día de hoy: *somos* la tribu del gen rosa.

El gen rosa es el de la oxitocina.[2] Se trata de uno de los genes más antiguos del genoma humano, con 500 millones de años de antigüedad.[3] Al ser tan viejo, se ha integrado en un gran número de nuestros sistemas biológicos. Esta es la razón por la que ser amables nos trae muchos beneficios: nos hace más felices; es bueno para el corazón y retrasa el envejecimiento.

La amabilidad ha desempeñado un papel clave en la supervivencia de la especie humana, no solo en el pasado remoto, sino también en nuestro mundo moderno. ¿Dónde estaríamos sin amabilidad y cooperación?

La amabilidad crea relaciones y fortalece las ya existentes. Y es la fortaleza de nuestras relaciones lo que nos ha llevado adonde estamos hoy.

Las pequeñas cosas

Son las pequeñas cosas las que cuentan. Estuve en una relación con un hombre hace unos años. Ya me gustaba desde hacía un tiempo y me emocioné mucho cuando me invitó a salir. Era muy guapo. Yo no había tenido pareja durante un tiempo y era agradable estar con alguien de nuevo.

Pero mi soltería me había dado espacio para descubrir lo que quería en una relación. Estar con un hombre guapo no lo era todo.

Llevábamos un par de meses saliendo cuando una noche, después de salir a caminar, nos encontrábamos sentados en un banco y sentí frío. Le pregunté si podía prestarme su chamarra, pero él no me la dio. De hacerlo, dijo, entonces él tendría frío, ya que solo tenía una camisa debajo.

No me malinterpretes; él no estaba siendo descortés. No lo dijo de mala manera ni nada así. Tan solo puso su persona en primer lugar. Eso fue todo.

Cuando pensé al respecto, me di cuenta de que así había sido desde el principio. Él no había hecho ninguna de las pequeñas cosas, esas pequeñas cosas importantes que hacen que una persona se sienta especial o valorada.

Decidí esa noche que ya no quería estar en esa relación y rompí con él unos días después.

Lo que cuenta son las pequeñas cosas, ya que todas se suman para ser una gran cosa.

Hazel

La proporción mágica

John Gottman, profesor emérito de psicología de la Universidad de Washington, es famoso por su trabajo sobre las relaciones y la estabilidad marital. Su trabajo, de hecho, ha formado la base de gran parte del movimiento de consejería matrimonial.

Con solo estudiar a las parejas interactuando entre sí durante un corto tiempo, es capaz de predecir qué relaciones resistirán la prueba del tiempo. Hay una proporción mágica, dice, en la manera en que nos relacionamos unos con otros. Mientras digamos o hagamos más de cinco cosas positivas por una negativa, es probable que la relación funcione. Esa es la proporción mágica, 5:1.

Los aspectos positivos tienden a incluir bondad, afecto, amor, apoyo y escucha; los negativos: desprecio, hostilidad, ira, juicios negativos, egoísmo e indiferencia.

En un ejemplo de su trabajo, Gottman y sus colegas estudiaron a 700 parejas de recién casados. Las parejas solo hablaron entre sí durante 15 minutos. Sin embargo, con solo contar los aspectos positivos y negativos, los psicólogos predijeron, con 94% de precisión, quiénes seguirían juntos 10 años después.

ACTO DE AMABILIDAD

Envía flores a una persona mayor.

La bondad es la sustancia que mantiene unida una relación. En realidad no necesitamos de la ciencia para afirmarlo: el sentido común y la experiencia personal son nuestros propios laboratorios, independientemente de si la relación en cuestión es con un ser querido, un amigo, un compañero de trabajo o un miembro de la familia. Una investigación como esta es útil porque arroja luz sobre algunos de los factores más importantes para construir una relación duradera.

En otra parte del trabajo de Gottman, se estudió a 130 parejas de recién casados en un día típico. Se describió el comportamiento que vemos diariamente en las relaciones, donde un compañero, por ejemplo, puede solicitar la atención del otro con algo como «ven a ver esto».

A esto le llama una *oferta*. Es tan solo una solicitud de conexión. No importa hacia qué está llamando la atención de su pareja; debajo de ello, lo que busca es la conexión. La clave es reconocerlo y responder.

Gottman estudió cómo respondían las personas a la *oferta* de su pareja y descubrió que «se volvían hacia ello» o «se alejaban».

Volverse hacia ello significaba básicamente que prestaban atención a su pareja: una muestra de bondad. En cambio, alejarse significaba que no prestaban atención a su pareja o que su respuesta era poco entusiasta, como si dijeran: «Mmm, sí, está bien», mientras seguían concentradas en la televisión o el teléfono; incluso respondían con desprecio u hostilidad.

Gottman dio seguimiento a las parejas seis años después. Descubrió que seguían juntas aquellas que, durante el estudio, volteaban hacia su pareja en 87% de las ocasiones. Las parejas que se habían separado fueron aquellas que volteaban hacia su pareja un 33% del tiempo.[4]

Una relación típica encuentra *ofertas* de conexión varias veces al día; cada una de ellas brinda una oportunidad para un pequeño acto de bondad. Estos pueden parecer pequeños e insignificantes, pero es la sustancia que mantiene unida la relación.

En una relación romántica, son las pequeñas cosas las que cuentan porque constituyen la gran mayoría de las *ofertas*. Escuchar cuando el otro habla; las tazas de té; los masajes en la espalda; ayudar con las tareas; responder a las necesidades del otro, incluso después de un día de trabajo. Estas son las pequeñas bondades que cuentan.

A medida que ofrecemos estas bondades o amabilidades, nuestra relación se fortalece y es más probable que resista la prueba del tiempo.

De hecho, la bondad es el más importante de los factores que producen felicidad y satisfacción en una relación. Esto se aplica no solo a las relaciones románticas, sino también a las relaciones con amigos, familiares y compañeros de trabajo.

ACTO DE AMABILIDAD
Visita a una persona mayor y escucha sus historias.

¿Cuál es tu estilo?

Otra forma en que mostramos bondad en una relación es cuando nuestra pareja nos comparte buenas noticias y nos da la oportunidad de participar en eso.

Shelly Gable, profesora de psicología de la Universidad de California, Santa Bárbara, ha estudiado cuatro tipos de respuestas para compartir buenas noticias: activa-constructiva, pasiva-constructiva, activa-destructiva y pasiva-destructiva.

Cuando una persona cuenta algo bueno que le sucedió o comparte una buena noticia y su pareja responde con alegría o entusiasmo y en verdad está complacida, se trata de una respuesta *activa-constructiva*.

Una respuesta *pasiva-constructiva* se da cuando un miembro de la pareja no muestra mucho interés, pero el otro sabe que en realidad sí está interesado.

Una respuesta *activa-destructiva* ocurre cuando un miembro de la pareja encuentra fallas o se enfoca en los puntos negativos potenciales, con lo cual desinfla la felicidad del otro.

Una respuesta *pasivo-destructiva* es aquella en donde a un miembro de la pareja parece no importarle el otro y este sabe que *en verdad* su pareja no está interesada.

Gable reclutó a 148 parejas: 59 habían estado saliendo durante un promedio de un año y 89 habían estado casadas durante un promedio de 10 años. Se les dio la siguiente consigna: «Cuando le cuento a mi compañero algo bueno que me ha pasado...» y una serie de afirmaciones que reflejaban los cuatro tipos de respuestas; luego se les pidió que evaluaran sus respuestas en una escala del uno al siete.

Los resultados mostraron que el tipo de respuesta reflejaba la calidad de la relación y las posibilidades de supervivencia de la pareja. El compromiso, la confianza, la satisfacción y la intimidad (categorías de una relación de buena calidad que probablemente dure) fueron mayores en las parejas cuyas respuestas fueron activas-constructivas. En otras palabras, la bondad es una respuesta activa-constructiva que erige mejores relaciones.[5]

(Toma en cuenta que he resumido las cuatro categorías en una sola oración para dar una idea general de los estilos, pero hay más dimensiones para cada una de ellas. Antes de etiquetar tus relaciones personales de acuerdo con esto, te invito a que leas la investigación y explores las dimensiones completas de cada estilo.)

ACTO DE AMABILIDAD

Averigua lo que realmente quiere un ser querido o amigo y dáselo.

Gable extendió su estudio a parejas de amigos, hermanos, padres y compañeros de la universidad. Esta vez midió la emoción positiva y la satisfacción con la vida. Descubrió que estas eran también más altas cuando los individuos recibían apoyo de una manera activa y constructiva, independientemente de si eran amigos, hermanos, padres o compañeros de habitación de la universidad.[6]

La amabilidad de un amigo o un ser querido nos hace sentir comprendidos, validados, relevantes. La recompensa cuando alguien nos muestra amabilidad es que nos agrada aún más. En términos generales, en cualquier tipo de relación donde haya amabilidad, habrá más satisfacción, diversión, relajación y menos conflicto, hostilidad, enojo.

Todos sabemos, por supuesto, que en una relación hay más que bondad o amabilidad; sin embargo, esta es el camino a seguir si queremos que nuestras relaciones duren.

Aunque hago hincapié en la bondad, sabemos que también el amor es fundamental para una relación romántica. La bondad es el camino que tomamos para expresar ese amor.

Dado que la bondad es lo que verdaderamente deseamos, no necesitas ser la persona más inteligente para tener una relación exitosa. Tampoco es necesario ser la más divertida; ni tener el cabello más hermoso o el mejor cuerpo; ni los abdominales más marcados o el tono muscular más firme. Lo importante es ser bondadoso. Escucha. Sé receptivo. Pon atención a las *ofertas de conexión* y sé bondadoso al compartir cualquier experiencia que derive de ellas.

Por supuesto, podrías argumentar que las *ofertas de conexión* de algunas personas provienen de una sensación de inseguridad, que descansa sobre una inestable base de baja autoestima. Eso podría ser cierto. Sin embargo, estas *ofertas* son ligeramente diferentes. Tienen menos que ver con la conexión y más con poner en prueba el amor de la pareja.

Si reconoces este comportamiento en ti, podrías beneficiarte de construir una autoestima saludable. Mi libro *I Heart Me: The Science of Self-Love* [*Lo que me gusta de mí: un libro para aprender a quererte*] podría ser una buena alternativa para comenzar, ya que comparte numerosas estrategias prácticas.

En cambio, si reconoces este comportamiento en tu pareja, pregúntate cuál podría ser una manera bondadosa de responder. Es natural que nos resistamos a tales pruebas, pero si entendemos la inseguridad que hay detrás de ellas, podemos iniciar una conversación que nos lleve a trabajar la inseguridad y la autoestima.

Una mano amiga

«Estaba nerviosa», me dijo Elizabeth. Ella es actriz y hablaba de una audición importante para un gran programa de televisión. A veces las grandes audiciones pueden ser abrumadoras.

> *El director de reparto vino a buscarme, y cuando abría la puerta para que yo pasara a la sala con los productores y el director, me elogió por mi actuación en un cortometraje que yo había escrito y dirigido hacía un año. Me dijo que lo había visto a través de la BAFTA escocesa.*
>
> *«Gracias a esa actuación estás hoy aquí», me dijo.*
>
> *Fue un acto amable de su parte, ya que una audición para un importante programa de televisión puede ser algo estresante. El director de reparto lo entendía, porque él mismo había sido actor.*

Sus palabras me dieron la confianza que necesitaba para la audición y sentí que había alguien en la sala apoyándome. Tan es así que aunque no fui la persona adecuada para el papel, tuve una presentación tan buena en la audición que me ofrecieron actuar en un episodio diferente.

Es bueno ser amable, como dicen. Un poco de amabilidad puede darle a alguien la mano que necesita. La bondad saca lo mejor de las personas: les da la confianza y la libertad para mostrar su ser más grande.

ACTO DE AMABILIDAD
Compra un libro para alguien.

Sea cual sea nuestro ambiente laboral, trabajamos con mayor empeño para las personas que son amables con nosotros. Damos nuestras mejores actuaciones, por así decirlo. La amabilidad crea en nosotros una red de seguridad. Sentimos que está bien cometer errores. Entonces creemos que está bien darlo todo, y muy a menudo lo hacemos creando una nueva versión de nosotros mismos.

Una vez tuve una jefa realmente crítica. Era tan crítica con los detalles más pequeños que me sentía nerviosa cuando estaba cerca, así que seguía cometiendo errores. Entonces ella se mostraba bastante crítica conmigo por ellos. Y entre más crítica era ella, más miedo tenía yo de cometer errores y más seguía cometiéndolos.

La cuestión es que yo había tenido un excelente desempeño con el gerente que había tenido antes que ella. Joe había sido muy amable; un tipo encantador. Siempre me había ayudado y apoyado, y era fácil acercarme cuando no estaba segura de lo que estaba haciendo. De hecho, él había creído realmente en mí. Me daba desafíos adicionales porque estaba seguro de que yo podría manejarlos.

Amaba mi trabajo cuando Joe estaba a cargo. Pero luego ascendió dentro de la compañía y la mujer crítica se hizo cargo de la gerencia.

¡La diferencia que una persona puede hacer! Eran como el día y la noche. Joe fue amable. Ella no. Mi rendimiento bajó mucho y me refugié en mi concha. Dejé de disfrutar mi trabajo. Era horrible en realidad.

Con el tiempo, presenté solicitudes para otros trabajos y tuve la suerte de conseguir uno dentro de la misma empresa, gracias a una recomendación de Joe.

Claire

Muchos de nosotros podemos identificarnos con la experiencia de Claire. Un jefe amable o bondadoso, que ve lo mejor de nosotros, saca lo mejor de nosotros. Es como si tuviéramos permiso para ser nosotros mismos; para esforzarnos en direcciones nuevas; para intentar nuevas formas de ser. La bondad nos distiende. La crítica, en cambio, cuando se da de forma desagradable, hace que nos encojamos. Es menos probable que nos esforcemos en nuevas direcciones porque tememos ser detenidos por cualquier error que cometamos.

En los negocios, a veces puede haber una grave falta de compasión. Puede ser un mundo despiadado. Hay que tomar decisiones en función de los resultados financieros y no hay espacio para sentimentalismos. O al menos eso es lo que yo creía hasta que contratamos a un nuevo recluta llamado Willie.

Trabajaba en ventas; Willie y yo debíamos generar cierta cantidad de ingresos todos los meses, de otro modo nos des-

pedirían. Yo era el jefe de Willie. Él se desempeñaba bien, pero le costaba mucho trabajo. Para ser honesto, no era el mejor vendedor del mundo, pero era un diamante de hombre... en bruto. Sin embargo, valía su peso en oro.

Al cabo de dos meses evaluaron nuestro trabajo el día antes de una reunión de la junta directiva en donde decidirían a quién valía la pena mantener. Yo iba bien, pero Willie no. Sus cifras de ventas estaban muy por debajo y, de acuerdo con la política de la compañía, tendrían que echarlo. Sin embargo, cuando la reunión de la junta directiva tuvo lugar, él se quedó. Sus cifras de ventas habían crecido mágicamente durante la noche.

Yo apreciaba mucho a Willie y había transferido algunas de mis ventas a sus cifras. Sabía que tenía una familia que mantener y no quería que se quedara sin trabajo. Nadie lo supo, ni siquiera el propio Willie.

Siempre hay espacio para la compasión en los negocios, solo hay que buscar la oportunidad.

Peter

Peter me dijo que ayudó mucho a Willie durante los años siguientes y que este también lo ayudó a él. Willie apreciaba que Peter fuera alguien con quien siempre podía acudir en busca de orientación y apoyo, y se convirtieron en grandes y duraderos amigos.

Andy me contó otra historia sobre la amabilidad en los negocios:

Había un tipo que trabajaba para mí, se llamaba Gary. Aunque era mucho mayor que él, me ayudó bastante cuando entré a la compañía.

Trabajaba como técnico, pero podía hacer casi cualquier cosa. Siempre que yo tenía un problema acudía a él primero.

Sabía cómo funcionaban todos los instrumentos y, además, era un buen tipo; siempre dispuesto a dejar de lado lo que estuviera haciendo cuando alguien le pedía ayuda.

En poco tiempo aprendí cómo funcionaban las cosas en la empresa. Había ciertas barreras. Un técnico sin un título universitario nunca podría avanzar más allá del grado nueve, pero el nivel de incorporación de un graduado universitario era el grado once. Esa era la regla.

Para mí eso era injusto. Gary era muy inteligente y fácilmente podría haber hecho el trabajo de un graduado. Así que un día acudí con el jefe de departamento y le dije lo útil que Gary había sido para mí desde que me había unido a la compañía. El jefe de departamento era una buena persona y me respetaba mucho. Le dije que estas barreras eran desalentadoras para las personas y que necesitábamos permitir excepciones; estas excepciones podrían alentar a otros a esforzarse, lo cual podría ser bueno para la empresa.

Pensó en ello por unos días; luego apareció en mi oficina una mañana para decirme que le ofrecería un ascenso a Gary: él se convertiría en la primera persona sin un título en el departamento que sería promovido a un puesto de nivel de posgrado. Me alegré mucho por él.

El jefe de departamento también le dijo a Gary que yo había peleado por él. Me pareció agradable, porque yo no pensaba hablar al respecto.

Gary estaba muy agradecido. Hace 20 años que somos amigos.

Andy

Buscando a la pequeña hermana

Debía ir a una fiesta y me sentía muy ilusionada al respecto. No suelo salir mucho, pues soy madre soltera. Pero entonces recibí una llamada de mi niñera: no se sentía bien y no podría venir.

Poco rato después, la amiga que había quedado que pasaría por mí para irnos en su auto llamó a mi puerta, vestida de punta en blanco, solo para encontrarse con una mujer exasperada y sin arreglar, con dos niños en sus manos.

Le dije que se fuera ella y disfrutara la fiesta, pero no quiso ni escucharme hablar de eso. Entró en acción y llamó a todas las niñeras a las que alguna vez había contratado. Encontró finalmente a una que estaba disponible y entonces me dijo que me vistiera ¡rápido!, mientras ella preparaba a los niños para llevarlos en su auto.

Un momento después, ya íbamos en camino a la casa de la niñera. Dejamos a los niños y llegamos al restaurante donde todos nuestros colegas estaban esperando, solo una hora tarde.

Mi amiga podría fácilmente haberme dejado en la casa y llegado a tiempo a la cena, pero no lo hizo. Mi felicidad fue importante para ella y sacrificó parte de su velada por mí. La bondad a la perfección. ¡Una amiga para toda la vida!

Carolyn

La bondad también es la sustancia que une las amistades. Sin duda, Carolyn estaría de acuerdo.

La bondad profundiza la amistad, ya sea que seamos un apoyo para un amigo que lo necesita o un amigo lo sea para nosotros.

En una amistad reciente, la bondad permite consolidar el vínculo; elimina la distancia emocional de las primeras etapas y facilita la relación entre las personas.

ACTO DE AMABILIDAD

Dile a alguien que se ve muy bien.

Durante una semana de regalos conocida como «Semana de las Hermanas Mayores», las integrantes más antiguas de la hermandad de mujeres de la Universidad de Virginia entregan regalos a las nuevas integrantes como una forma de darles la bienvenida e incorporarlas al grupo.

La Semana de las Hermanas Mayores fue estudiada por psicólogos de dicha universidad. Consistía en que 78 *hermanas mayores* prepararon regalos para 82 *hermanas pequeñas*; organizaron eventos para ellas y se aseguraron de que fueran consentidas todo ese tiempo. Los preparativos se llevaron a cabo de forma anónima hasta el final de la semana, cuando las hermanas mayores revelaron sus identidades.

Al final de la semana y un mes después, los psicólogos pidieron a las *hermanas pequeñas* que contaran sobre los beneficios que habían recibido durante esa semana; además solicitaron a las *hermanas grandes* y a las *pequeñas* que reportaran sobre sus relaciones una vez finalizada la semana de estudio.

Los psicólogos observaron, aunque tal vez no fue una sorpresa, que las *hermanas mayores* habían forjado amistades con las *pequeñas* y que su bondad había sido un factor importante en estas nuevas relaciones. Sin embargo, la gratitud de las *hermanas pequeñas* también fue importante. En cierto sentido, esta gratitud constituía una bondad recíproca, porque se basaba en el deseo de corresponder a la bondad de las *hermanas mayores*. Las *hermanas pequeñas* que sintieron mayor gratitud estaban, de hecho, disfrutando de las mejores relaciones con las *hermanas mayores*. También se sentían más integradas en la hermandad de mujeres.[7]

ACTO DE AMABILIDAD

*Compra una caja grande de galletas y pasteles
y regálalos en la calle.*

La gratitud es particularmente importante en nuestras relaciones con amigos y seres queridos porque el tiempo nos hace olvidar el bien que han traído a nuestra vida. Ver a una persona diariamente y quedar atrapados en los desafíos y circunstancias de la vida nos hace olvidar lo importante que esa persona es para nosotros. Por desgracia, muchos de nosotros lo recordamos cuando es demasiado tarde. Los tribunales de divorcio están llenos de *cadáveres* de relaciones donde una persona dio por hecho a la otra.

La gratitud nos alienta a notar las bendiciones tanto en las relaciones románticas como en las amistades. Comenzamos a recordar cosas que hemos olvidado, pero que resultaron significativas en su momento. Y así empezamos a mostrar más amabilidad hacia nuestra pareja y nuestros amigos.

La amabilidad engendra gratitud y la gratitud engendra amabilidad. Es un círculo.

ACTO DE AMABILIDAD

Organiza una fiesta para alguien que merece algo de aprecio.

La amabilidad se abre paso

Visitamos un centro de rescate de perros hace algunos años. Había una perra sentada en la parte posterior de una jaula junto a varios perros más. El animal tenía la cabeza gacha y miraba hacia la esquina. Supimos de inmediato que ella era nuestra chica. Necesitábamos darle un hogar para siempre.

Su nombre era Ariel. Cuando la trajimos a casa, era tan tímida y nerviosa que seguramente la habían maltratado en su último hogar. Al prinicipio no se acercaba a nosotros. Pero seguimos mostrándole amabilidad. Me movía despacio a su lado y le acariciaba con suavidad la cabeza; ella se acostaba allí y me permitía hacerlo.

Poco a poco, se volvió más receptiva. Es gracioso, pero lo que más recuerdo son las pequeñas cosas. Recuerdo la primera vez que meneó la cola cuando me vio acercarme a ella. Sabía que le acariciaría la cabeza. Comenzó a mover la cola en un lento golpeteo en la alfombra, arriba y abajo, arriba y abajo. Era la cosa más dulce. Sentí ganas de llorar.

Seguimos mostrándole amor. Le hablábamos de manera amable y le dábamos bocadillos como premio. En poco tiempo se había instalado por completo y se convirtió en parte de la familia.

Los perros no piden mucho. Si eres amable con ellos, tendrás un amigo para toda la vida.

Denise

La amabilidad no solo fortalece las relaciones humanas, sino también las relaciones con los animales. La bondad es bondad. Todo es lo mismo.

ACTO DE AMABILIDAD
Ofrécete para arreglar el jardín
de algún vecino anciano.

Hace un tiempo, varios años, tuvimos una gran pecera en nuestra oficina. Un día, mientras mi amigo Kenny y yo pasábamos por la sala donde estaba el tanque, vimos que una de las chicas de la oficina estaba arrodillada con los ojos cerrados y sus manos juntas contra el tanque. Kenny le preguntó qué estaba haciendo.

La chica levantó la vista y dijo: «El pequeño pez está enfermo. Estoy rezando por él».

Kenny solo me miró, asintió y dijo: «¡Sí! Ella sabe de qué se trata».

Resumen del capítulo

· La bondad es lo que la mayoría de nosotros queremos en una pareja. Es lo que encontramos más atractivo y lo que las personas encuentran atractivo en nosotros.

· Nuestros antiguos antepasados aprendieron que era más fácil compartir y más seguro permanecer en grupo. Por eso la bondad o amabilidad está en nuestra naturaleza y es tan saludable para nosotros. El gen que produce la oxitocina tiene más de 500 millones de años y se ha ido integrando en una gran cantidad de sistemas de nuestro cuerpo, lo cual significa que estos sistemas responden a la amabilidad. Por esa razón la amabilidad nos hace más felices; es buena para el corazón y retrasa el envejecimiento.

· La amabilidad nos permite brillar. Nos ayuda a ser lo mejor que podemos ser. Siempre recordamos los actos de amabilidad que nos ayudaron a distendernos.

· La amabilidad hace que las amistades y las relaciones sean exitosas. Nuestros amigos y seres queridos nos hacen *ofertas de conexión* varias veces al día; cuando respondemos de manera activa y solidaria, aumentan las posibilidades de que nuestras relaciones pasen la prueba del tiempo.

QUINTO
BENEFICIO

La amabilidad
es contagiosa

*Recuerda que no existen pequeños actos
de amabilidad. Cada acto provoca ondas
que no sabemos dónde terminarán.*
SCOTT ADAMS

Contagioso: capaz de transmitirse de una persona y organismo a otra.

Me encontraba sentado en una cafetería cuando vi a una joven. Quizá tendría alrededor de 10 o 20 años, supongo. Pasó junto a un hombre sin hogar; se detuvo por un instante y luego siguió caminando.

Unos minutos más tarde reapareció con una bolsa marrón con algo de comida y algo que asumí qué sería una bebida caliente. Se la entregó al hombre y hablaron unos minutos. Luego, ella se alejó.

Fue un hermoso acto de amabilidad, inadvertido para la mayoría; lo más probable es que la chica tampoco le haya contado a nadie. Pero en verdad me conmovió. Me sentí animado, inspirado incluso.

Cuando salí de la cafetería, alrededor de una hora más tarde, me detuve para darle 10 libras a una persona sin hogar. Por lo general, solo le habría dado una libra o unas cuantas monedas. Durante el resto del día, me descubrí haciendo esfuerzos adicionales para ser útil a los demás —a mi familia, mis amigos, los dependientes en las tiendas—, y no solo ayudándolos, sino prestándoles atención cuando hablaban y respondiendo de la manera que creía que los haría sentir bien consigo mismos.

Cuando me fui a la cama esa noche, reflexioné sobre el día. ¿No era asombroso, pensé, cómo el acto de amabilidad de la joven hacia el hombre sin hogar había tenido un efecto mayor?

Su amabilidad en realidad *causó* que otro indigente recibiera 10 libras; que los dependientes de las tiendas intercambiaran algunas sonrisas y que mi familia y amigos recibieran ayuda y apoyo. A través de un simple acto de amabilidad, ella había puesto en marcha una cadena de eventos positivos.

Este tipo de cosas sucede todos los días. Pero no lo notamos.

De la misma manera en que un guijarro que cae en un estanque crea ondas que levantan los lirios al otro lado, los actos de amabilidad levantan el ánimo de las personas que los presencian y llevan esa amabilidad más allá, levantando el ánimo de otros. Esto se llama *efecto de onda* o *efecto dominó*.

La fuente de un efecto de ondulación

Por favor, piensa en un momento específico en que hayas visto a alguien demostrar una naturaleza superior o lo mejor de la humanidad... [en que] hayas visto a alguien haciendo algo bueno, honorable o caritativo para otra persona [o] por favor, piensa en un momento específico en el que alguien hizo algo realmente bueno por ti.

Estas fueron las instrucciones que los psicólogos Sarah Algoe y Jonathan Haidt dieron a 162 estudiantes que participaron en un estudio sobre la amabilidad.

Después se les pidió a los estudiantes que describieran sus sensaciones físicas, la motivación y cualquier acción que hubieran tomado a partir de las instrucciones dadas. Los que habían sido testigos de la amabilidad reportaron haber experimentado un sentimiento cálido en el pecho y un deseo de emular el acto de amabilidad que habían visto. Aquellos a quienes les mostraron amabilidad habían sentido gratitud y un deseo de devolverla, y se sintieron motivados a seguir ese comportamiento bondadoso.[1]

Esta investigación parece demostrar que la elevación es la fuente de los efectos de onda de actos bondadosos. Jonathan Haidt lo describe de la siguiente manera: «La elevación se suscita debido a actos de belleza moral; genera cálidos sentimientos abiertos en el pecho y motiva a las personas a comportarse de manera más virtuosa».[2]

Cuando somos testigos de la bondad, nos sentimos animados. A menudo tenemos sensaciones cálidas y expansivas en el área del pecho, en nuestro corazón.

«Me dan ganas de abrazar al mundo», decía un amigo.

De hecho, en la siguiente parte de su estudio, Algoe y Haidt pidieron a 114 estudiantes que tomaran nota de las bondades que presenciaran durante las siguientes tres semanas. Transcurrido ese tiempo los estudiantes informaron que deseaban «hacer algo bueno por otro», «ser como la otra persona» y «ser una mejor persona».

ACTO DE AMABILIDAD

Envía una tarjeta a uno de tus antiguos profesores de la escuela o la universidad y cuéntale en qué medida influyó en tu vida.

Cuando solo tenía 22 meses de edad, Joel Sonnenberg se quemó gravemente y quedó desfigurado después de que un tractor chocara contra el auto de la familia. Perdió los dedos de los pies, de una mano y la otra mano completa. Además, tuvo que pasar por 45 operaciones en los siguientes años, mientras los cirujanos hacían todo lo posible para ayudarlo a recuperarse.

Al principio, el conductor, el señor Dort, dijo que los frenos del tractor habían fallado; luego resultó que en realidad había estado tratando de golpear a una persona conocida. El dolor y la desfiguración de Joel habían sido el resultado de un acto agresivo cuya intención era causar un daño.

En un estudio dirigido por científicos de la Universidad de Delaware y la Universidad de British Columbia, a los voluntarios se les mostró un video de la historia de Joel y segmentos de la audiencia donde se dictó la sentencia.

En el video, la madre de Joel dijo: «Lo perdono, señor Dort. Esta mañana verá las cicatrices de mi Joel. Todos tenemos cicatrices».

El padre de Joel ofreció: «Cuando me pidas perdón, te perdonaré».

Cuando el mismo Joel habló, dijo: «Esta es mi oración por usted, para que pueda saber que la gracia no tiene límites. No consumiremos nuestras vidas con odio, porque el odio solo trae miseria. Rodearemos nuestras vidas de amor».

Cuando terminaron de ver el video, se preguntó a los voluntarios cómo se sentían.

¡Elevados! Se sentían motivados por la gracia, la compasión y el perdón que Joel y su familia habían mostrado hacia la persona que había provocado un impacto tan terrible en sus vidas. Y los había motivado a todos a convertirse en mejores personas.[3]

La elevación nos anima y produce un deseo inmediato de emular la bondad que presenciamos. Nos inspira a llevar a cabo actos de bondad hacia otros.

Un acto amable lleva a otro

La motivación suele conducir a la acción. La elevación nos motiva a ser amables, por lo cual emprenderemos un acto de amabilidad real.

A veces lo planeamos: pensamos en ayudar a personas particulares en nuestra vida y luego actuamos. En ocasiones tan solo actuamos a partir de las oportunidades que se presentan.

ACTO DE AMABILIDAD
Cuando una nueva persona se una a la compañía para la que trabajas o alguien se mude a tu calle, hazla sentir bienvenida invitándola a almorzar.

En otra investigación cuyo propósito era examinar cómo la elevación motiva la bondad o amabilidad, a un grupo de voluntarios se le mostró un video moralmente edificante y a otro grupo un video de comedia (para fines de comparación). El video edificante fue de *El show de Oprah Winfrey*.

Los voluntarios que vieron el video edificante informaron sentirse animados, optimistas frente a la humanidad; con una cálida sensación en el pecho y/o felices, como podríamos haber esperado.

Pero la clave de esta investigación era la siguiente: ¿el efecto de la elevación acaba en la motivación o la gente realmente va más allá de esta experiencia?

Se pidió a los voluntarios que ayudaran con una tarea diferente. ¿Serían más propensos de hacerlo aquellos que se habían sentido elevados después de ser testigos de la bondad que aquellos que solamente se habían divertido con el video? De hecho, así fue. Los que habían visto el video de Oprah fueron los más propensos a ayudar.[4]

En otro experimento, los investigadores observaron que aquellos que habían experimentado una elevación después de ver el video de Oprah pasaban el doble de tiempo colaborando en una tarea que quienes habían visto el video de comedia.[5]

He descubierto que cuando recuerdo haber presenciado actos bondadosos, o pienso en las ocasiones que recibí una ayuda que necesitaba, me siento animado. Me hace sentir feliz, a veces por varias horas después. Es un ejercicio de autoayuda muy útil para mejorar nuestro estado de ánimo.

Sin embargo, esto debe hacerse *a propósito*. Lo que quiero decirte es que existe una diferencia entre la mente que se desplaza hacia los recuerdos felices y la elección de *pensar* en recuerdos felices. Esta última es una intervención: lo hacemos con la intención de sentirnos mejor y utilizamos los recuerdos felices como una herramienta para conseguirlo. Y eso hace la diferencia.

Me he dado cuenta de que cuando lo hago, a menudo recuerdo los actos bondadosos que había tenido la intención de hacer, pero que no pude hacerlo.

También descubro que cuando practico la meditación sobre la bondad amorosa me siento más compasivo durante un rato y es más probable que emprenda algo que resulte de ayuda y que no había podido hacer.

En un estudio sobre la meditación de la bondad amorosa en línea, se asignó al azar a 809 personas para llevar a cabo esta práctica o tomar un curso de ejercicio físico ligero. Después, se les dio la opción de donar a organizaciones benéficas la mitad del pago que se les había ofrecido. Los que habían hecho la meditación donaron más dinero que aquellos que habían optado por el ejercicio ligero.[6]

Ondas del tamaño de un niño

Los psicólogos Harriet Over y Malinda Carpenter mostraron fotografías de objetos de la casa —por ejemplo, una tetera— a 60 bebés de 18 meses de edad. En el fondo de la imagen había dos muñecas de madera.

La clave del experimento estaba en la posición de las muñecas. A algunos de los bebés se les mostraron las dos muñecas de pie, muy juntas, una frente a la otra, de manera que representaran el amor o la unidad; a otros se les mostraron las muñecas con las espaldas encontradas o solo una muñeca; otro grupo vio una pila de bloques neutros en lugar de las muñecas. Los científicos querían observar si la posición de las muñecas influía en el comportamiento de los bebés.

Cada niño jugaría por unos momentos con el experimentador y un asistente; luego, miraría las fotos. Inmediatamente después, el experimentador saldría de la habitación y regresaría con un paquete de lápices que «tiraría» por accidente. Lo que los investigadores querían averiguar era qué niños ayudarían a recoger los lápices.

Resultó que 60% de los niños que habían visto las fotos con las muñecas ubicadas una frente a la otra ayudaron de manera espontánea (en un plazo de 10 segundos) a recoger los lápices; y solo 20% de los niños de los otros grupos ayudó. Esto evidenció que después de ver una una imagen que reflejaba amor, los bebés tuvieron tres veces más probabilidades de manifestar un comportamiento bondadoso que si se les mostraba una orientación diferente de las muñecas.[7]

Este es un fenómeno muy importante porque muestra qué tan sensibles son los niños a lo que ven a su alrededor. Cuando mostramos bondad, o tan solo representamos el amor o la bondad de alguna manera, afectamos el comportamiento de bebés y niños.

En un estudio más directo, los niños observaron un video de personas jugando bolos; a un grupo se le mostró cómo el ganador entregaba su premio a una institución de caridad, mientras que al otro grupo no se le mostraba esta parte.

Más tarde, cuando todos los niños recibieron sus premios, aquellos que habían visto el video completo eran más propensos a regalarlos que el grupo que no lo había visto.[8]

En otro estudio, los niños vieron una película de Lassie con dos finales. Las películas de Lassie eran muy famosas en la década de 1970. Recuerdo haber estado pegado a la televisión cuando era niño, mientras veía a Lassie, un perro collie, mostrar un extraordinario coraje y compasión.

En la película que los niños vieron, algunos fueron testigos de cómo el dueño de Lassie rescataba a sus cachorros; a otros no se les mostró esta parte. Después, todos los niños participaron en un juego de puntuación que fue interrumpido por los sonidos de unos cachorros en apuros. A pesar de que perderían puntos si dejaban el juego para ir a auxiliarlos, los niños que habían visto la escena del padre de Lassie rescatar a los cachorros fueron más propensos que el resto en ayudar a los cachorros.[9]

También es fácil que los actos de bondad de los niños influencien a otros pequeños. Investigadores de la Universidad Estatal de Arizona estudiaron las interacciones de 124 niños y niñas durante un periodo escolar con la ayuda de sus maestros, a quienes se les pidió que anotaran cada vez que los niños se mostraban dispuestos a ayudar y lo que hacían.

Durante el periodo siguiente, se monitoreó nuevamente a los niños y se pudo observar que quienes jugaban con aquellos que habían sido considerados *prosociales* (es decir, útiles, bondadosos) experimentaban más emociones positivas y menos negativas. Los investigadores señalaron que el aumento en la emoción positiva hacía más probable que estos niños fueran, a su vez, más prosociales. En otras palabras, los niños que pasan el tiempo con otros niños que son bondadosos se vuelven más bondadosos.[10]

ACTO DE AMABILIDAD

Compra algo de comida para mascotas y colócala en un contenedor de recolección de beneficencia animal en el supermercado.

A la mayoría de los padres les preocupa que suceda lo contrario: que sus hijos se vinculen con otros que podría ejercer una mala influencia en ellos. Esto puede suceder. Cuando yo era niño me encontré en cierta cierta ocasión vinculado a un grupo que habitualmente se metía en problemas; uno de ellos me dijo: «El que se acuesta con perros, se levanta con pulgas».

La única vez que robé algo fue en ese entonces. Recuerdo que me instruyeron sobre un robo «fácil», como lo llamó mi amigo. Fue cerca del 5 de noviembre, el día de Guy Fawkes. Entramos en una tienda y metimos algunos fuegos artificiales en las mangas de nuestros abrigos y nos fuimos. Esto sucedió cuando aún no se usaban cámaras de seguridad. Recuerdo que después me sentí físicamente enfermo, no por el temor de ser atrapado, sino por la culpa de haber robado. Juré que nunca volvería a hacer algo así y supe que no podía seguir frecuentando a esos chicos.

Sin embargo, de la misma manera en que algunos niños pueden ser mala influencia, otros son buena. Tuve la suerte de hacer amigos que eran muy diferentes y tenían valores enraizados en la honestidad y la bondad.

Más tarde, cuando fui a la universidad, mi amigo Stuart causó un impacto en mí. Recuerdo que me sentía elevado por la forma en que él siempre estaba allí para sus amigos, ofreciendo ayuda cada vez que alguien la necesitaba. Una vez compartió uno de sus principios rectores, que había aprendido de su madre: «Si no tienes nada bueno que decir, entonces no digas nada». Se ha mantenido conmigo hasta el día de hoy y aún forma parte de mi filosofía de vida. Por cierto, Stuart fue una de las personas más queridas en la universidad.

Amabilidad contagiosa en el lugar de trabajo

«Cuando el jefe de mi departamento es amable, yo soy más colaboradora con mis subordinados», explicó Victoria.

Por supuesto, las ondas de amabilidad también suceden en el trabajo. Cuando un gerente es bondadoso y respetuoso con sus empleados, estos disfrutan más de su trabajo y, de hecho, tienen un mejor desempeño.

La mayoría de nosotros hemos tenido esta experiencia. Durante el tiempo que trabajé en la industria farmacéutica, hice mi mejor trabajo cuando tuve un gerente inmediato que era servicial y accesible, y que hacía todo lo posible para garantizar que yo disfrutara de mi trabajo y contara con el apoyo que necesitaba.

Esto fue reiterado en un estudio que dirigió Richard Netemeyer, en la Escuela de Comercio de McIntyre, de la Universidad de Virginia, en el que se evaluó el desempeño y la satisfacción laboral de 306 gerentes de tienda de una cadena minorista de ropa y accesorios para mujeres.

Además, se midieron los niveles de satisfacción laboral y el rendimiento de 1 615 empleados de primera línea y los niveles de satisfacción de 57 656 clientes.

Se encontró que los niveles de satisfacción de los gerentes causaban un efecto dominó. Estos impactaban en cómo se sentían los empleados de primera línea y, por lo tanto, cómo hacían su trabajo, lo cual luego influía en qué tan satisfechos se sentían los clientes en cada visita a la tienda. De hecho, al utilizar una escala de satisfacción de trabajo de siete puntos, cada aumento de un punto en la satisfacción de un gerente se tradujo en un aumento de 5% en el gasto de los clientes, lo que ascendía a un gasto promedio de 3.64 dólares extra por cada visita a la tienda.[11]

Los empleados felices tratan mejor a los clientes y, mientras más amable, más servicial, respetuoso y solidario sea un gerente, más feliz será un empleado. Esa felicidad y espíritu de ayuda, por lo general, se extiende a otras personas con las que interactúan en la empresa.

ACTO DE AMABILIDAD
Mantén una puerta abierta para que alguien más pase.

Un estudio dirigido por Joseph Chancellor en la Universidad de California, Riverside, encontró evidencia de que la amabilidad se extiende en el lugar de trabajo. Los participantes fueron asignados al azar para ser proveedores (los que realizaban actos de bondad) receptores (los que recibían actos de bondad) o controles (no daban y no recibían).

El estudio encontró algunas cosas. Primero, que tanto los proveedores como los receptores se sentían más felices, pero también que los receptores elegían llevar a cabo actos de amabilidad en un ánimo de «devolver el favor».[12] La amabilidad es contagiosa.

Otro estudio mostró que cuando un jefe es bondadoso, educado, justo, respetuoso e incluso abnegado, los empleados tienden a sentir la elevación y esto hace probable la bondad contagiosa. También se crean actitudes más positivas, mejores relaciones y un compromiso más fuerte con la organización.

El estudio reclutó a 121 voluntarios en una empresa italiana de tamaño mediano que vendía puertas de madera para casas residenciales y tenía un presupuesto anual de alrededor de 25 millones de euros. Los investigadores crearon un líder ficticio, Massimo Castelli, quien demostró una justicia interpersonal inspiradora y espíritu de sacrificio.

Descubrieron que aquellos que creían que Massimo Castelli trataba a sus empleados con «cortesía, respeto y sensibilidad» y que «se sacrificaba para ayudar a la compañía» reportaron experimentar una sensación de calor en sus pechos y músculos relajados (las sensaciones físicas de la elevación); un deseo de ser mejores personas y de hacer algo bueno por los demás.[13]

La bondad eleva el espíritu humano en cualquier entorno y por lo general resulta en una bondad mayor. Y en un entorno de trabajo también significa clientes más felices.

ACTO DE AMABILIDAD
Escribe y envía una tarjeta de agradecimiento a una empresa que te haya brindado un buen servicio.

Contando los dominós

James Fowler, un genetista médico y científico social de la Universidad de California, en San Diego, y Nicholas Christakis, un antiguo profesor de Harvard, que actualmente dicta clases de ciencias sociales y naturales en Yale, han realizado varias investigaciones sobre los efectos de onda.

Han demostrado que las emociones difundidas por las redes sociales provocan un contagio. Una persona que se siente feliz hace que las personas a su alrededor se sientan aún más felices, lo cual repercute en otras personas de su entorno, y así sucesivamente.[14]

Fowler y Christakis realizaron un estudio similar con la bondad para medir hasta dónde llegaban sus ondas. Para lograrlo, utilizaron el «juego de los bienes públicos», que se utiliza en economía experimental. Se trata de que los jugadores están invitados a invertir en el bien público una cantidad de dinero que luego se multiplica y el resultado se comparte. Los participantes pueden mantener su dinero hasta el final del juego; por lo cual, a menudo sucede que algunas invierten más y otros menos. Las inversiones más grandes son consideradas, por lo general, prosociales, ya que suelen estar destinadas a beneficiar a todos.

Usualmente, las contribuciones son secretas, pero los científicos en esta ocasión permitieron que los participantes vieran lo que los otros estaban contribuyendo. Querían medir lo que sucedía cuando algún jugador hacía una contribución mayor al promedio al fondo del bien común; en otras palabras, cuando alguien mostraba bondad extra.

Se realizaron varias rondas del juego y se cambiaba a los participantes, de modo que cada uno jugara la siguiente ronda con diferentes personas.

Descubrieron que si un jugador hacía una contribución mayor que el promedio, los demás hacían lo mismo cuando participaban en la siguiente ronda. Es decir, el acto bondadoso inspiraba a los demás a seguir el ejemplo. Sin embargo, el efecto no paraba ahí. Generaba ondas en los juegos posteriores.

Fowler y Christakis calcularon que el efecto de ondulación se extendía hasta a tres grados de separación; es decir, hasta tres rondas adicionales después de la primera donación más grande.[15]

De hecho, esto apunta a lo que sucede en la vida real. Los actos ordinarios de bondad se extienden más allá de la persona que recibe la ayuda.

En la vida real, *la regla de los tres grados* significa que cada vez que somos bondadosos, inspiramos a otra persona a serlo (un grado); y esta inspira a otra (dos grados), que, a su vez, inspira a una más (tres grados). Por supuesto, en la vida cotidiana inspiramos a más de una persona a la vez, y cada una de ellas inspira a otras. Es lo que mostraron Fowler y Christakis.

En promedio, si tu acto de amabilidad inspira a cuatro personas, y cada una de ellas realiza una acción que inspira a cuatro más, las cuales inspiran a igual cantidad de personas, entonces con tu único acto de amabilidad habrás ayudado de manera indirecta a 64 personas ($4 \times 4 \times 4$). Y jamás conocerás a la mayoría de ellas.

En otras palabras, en un día cualquiera es probable que estés tocando la vida de docenas o incluso cientos de personas sin darte cuenta, así como una sola piedra que cae en un estanque levantará docenas o incluso cientos de lirios en la superficie del agua.

ACTO DE AMABILIDAD

Introduce algo de dinero en el bolso o en el bolsillo de alguien que lo necesite, para que cuando lo encuentre piense que debió haberlo dejado ahí por error.

La cadena de donantes de riñón más larga del mundo

El 26 de marzo de 2015 Mitzi Neyens, de Wausau, Wisconsin, de 77 años, recibió un riñón de Matt Crane, de Filadelfia, cuya esposa, Michelle, recibió un riñón de otro donante.

Mitzi fue el eslabón final en una cadena de donantes de 34 trasplantes consecutivos iniciados por un solo donante altruista, que involucró a 26 hospitales diferentes y se extendió por todo Estados Unidos en los tres meses previos. Se trató de la cadena de donantes de riñón más larga del mundo.[16]

Una cadena de donantes de riñón tiene lugar cuando alguien recibe el órgano y, posteriormente, algún miembro de la familia o amigo cercano dona el suyo a otro receptor. Ninguno de ellos resulta ser un equivalente biológico para su familiar, por lo cual se comprometen a *devolver el favor*. Es decir, un miembro de la familia o un amigo del receptor se compromete a donar su riñón a otro cuyo familiar o amigo hace lo mismo. Esto ocurre de manera sucesiva, hasta que la cadena se rompe por enfermedad o por alguna otra razón.

Una abogada de Minneapolis, Kathy Hart, fue la donante altruista que inició la cadena de Mitzi. La idea surgió cuando supo que el hijo de un instructor de yoga necesitaba un riñón; pensó que no sería compatible, por lo tanto, decidió unirse al Registro Nacional de Riñones[17] y ofrecer un riñón a alguien que sí lo fuera. Peggy Hansmann, de Plymouth, Wisconsin, lo recibió.

Jan y Garet Hil fundaron el Registro Nacional de Riñones (NKR, por sus siglas en inglés) después de que a su hija de 10 años le diagnosticaran repentinamente una insuficiencia renal. Nadie de la familia resultó compatible biológicamente y encontraron un donante después de varios intentos fallidos. El 12 de julio de 2007 un primo de su hija, de 23 años, donó un riñón.

Los Hil fundaron el NKR con la misión de «salvar y mejorar la vida de las personas que enfrentan insuficiencia renal mediante el aumento de la calidad, la velocidad y la cantidad de trasplantes de donantes vivos en el mundo». La visión es que «todos los donantes vivos incompatibles o poco compatibles se integren a un registro común y encuentren un donante vivo con un buen nivel de adaptación en menos de seis meses». Así pues, crearon esta organización, con espíritu de bondad, para evitar que las familias perdieran a sus seres queridos por no encontrar lo suficientemente rápido un riñón compatible.

El propio Garet Hil donó uno de sus órganos como parte del primer programa de intercambio de riñones emparejados de la NKR. Ocho personas recibieron un riñón de la cadena que comenzó con su donación.

ACTO DE AMABILIDAD
Dale a alguien un abrazo sin motivo alguno.

Una cadena de donantes de riñón es en verdad extraordinaria y contiene una cantidad inconmensurable de apreciación, compasión y bondad. No solo los donantes y receptores están involucrados: cada operación requiere un equipo de cirujanos, enfermeras y personal de apoyo. También están los equipos que transportan los riñones de un hospital a otro; por lo tanto, están vinculados varios hospitales en distintas ciudades, todos con un propósito común experimentan la elevación como resultado de los extraordinarios actos de bondad que presencian.

Cada cadena de donantes salva muchas vidas y eleva a innumerables personas que se convierten en parte de ella, desde donantes y receptores hasta familiares y amigos cercanos que viven con la experiencia de saber que un solo acto de amabilidad inició una cadena que salvó la vida de su ser querido.

Círculo completo

Muy a menudo, la amabilidad completa el círculo. Piénsalo de esta manera: si haces algo que mejora tu entorno, como eres parte de ese entorno, tú también resultas beneficiado. Una vez compartí esa idea con un amigo, quien me respondió: «¿Como si orinara en una piscina y tuviera que nadar en ella?». ¡Más o menos!

Es probable que estés familiarizado con la idea de que «lo que se siembra se cosecha» o «todo lo que uno da, vuelve». Las personas tienden a ayudar a quienes asisten a los demás; por lo tanto, la amabilidad regresa muchas veces para bendecirte.

ACTO DE AMABILIDAD

Escribe un poema o canción para alguien.

Mientras hacía una caminata en un día cálido, un joven llamado Howard Kelly llamó a la puerta de una casa de campo y preguntó si podía tomar un vaso de agua. Respondió una joven y, deseando mostrarle un poco más de amabilidad, le ofreció un vaso de leche. Él se sintió muy agradecido por ello.

Años después se convirtió en un distinguido médico. Un día descubrió que la chica que le había dado el vaso de leche estaba recibiendo tratamiento en el hospital donde él trabajaba.

Al darse cuenta de que era poco probable que ella pudiera pagar los altos cargos por su atención médica, consiguió su factura, escribió en ella con gruesas letras: «Pagada en su totalidad con un vaso de leche», y la firmó.

El doctor Howard Kelly era conocido por sus bondades y fue uno de los cuatro fundadores de John Hopkins, la primera universidad en realizar trabajos de investigación médica en Estados Unidos. Se sabía que cobraba tasas altas por sus servicios, pero utilizaba gran parte de sus ingresos para financiar tratamientos para pacientes que no podían pagar su atención médica.[18]

Difundir la palabra

¡La amabilidad genera ondas! No hay duda al respecto. Una de las maneras en que podemos ayudar en este largo proceso es hablando sobre las cosas buenas que hemos presenciado, hecho, o que hemos recibido. Organiza grupos de discusión sobre la amabilidad y comparte tus experiencias con otros. Comparte videos en las redes sociales. Cuantas más personas se eleven al presenciar o aprender acerca de actos de amabilidad, más ondas de bondad estaremos creando.

ACTO DE AMABILIDAD

Busca videos u otros materiales inspiradores o divertidos en YouTube, Facebook o cualquier otro medio de comunicación y envíalo a alguien que lo necesite.

Aquí hay una historia para que empieces a hacerlo.

Hace varios años, yo me encontraba trabajando en la oficina de una organización benéfica que algunos amigos y yo habíamos establecido.[19] La mayoría de nosotros habíamos puesto tantos recursos propios en ella que terminamos en bancarrota.

Llegué al punto en el que estaba pasando por serias dificultades y me preguntaba cómo pagaría el autobús de la semana para ir a la oficina, cuando recibí un sobre por correo. Contenía 20 libras y una nota que solo decía: «¡Dios lo bendiga!». Me sentí conmovido hasta las lágrimas por este sincero acto de bondad. Fue como una lotería para mí. Tenía una idea de quiénes podrían haberlo enviado, pero nunca dije nada. Pensé que preferirían permanecer en el anonimato.

¡No imaginaban que algún día se escribiría sobre su acto de bondad en un libro y tocarían el corazón de miles de personas!

Una piedra que cae en un estanque siempre creará ondas. Un acto de bondad o amabilidad hará lo mismo.

Trato de ser amable; sin embargo, no es que desperté un día y decidí que la amabilidad es importante: lo aprendí. Como ya mencioné, mamá ha sido un gran ejemplo para mí. La mayoría de nosotros puede sentirse identificado con esto. Todos aprendemos de otras personas. Entonces, ¿por qué no ser un ejemplo de amabilidad y dejar que otros aprendan de ti?

Iba en mi auto a recoger a mi vieja amiga Dorothy. En el camino, llegué al pie de una colina empinada y vi a un tipo que se esforzaba por subir con una enorme televisión.

Me detuve y le ofrecí llevarlo. Él estaba extremadamente agradecido conmigo. Entre ambos metimos el televisor en el auto y lo llevé por la colina hasta el otro lado. Sacamos la televisión del auto y él me ofreció dinero por haberlo ayudado. Creo que él pensó que yo era un taxista.

Me negué, pero él insistió, así que hice un trato con él. Le dije: «En lugar de darme dinero, haz algo amable por alguien más. Devuelve el favor».

Pensó que esto era una buena idea. Nos despedimos y seguí mi camino para recoger a Dorothy.

Íbamos por el camino de regreso 10 minutos después, cuando vimos al mismo hombre que llevaba la televisión de vuelta.

Me detuve a su lado y le pregunté qué estaba haciendo. Dijo: «¡Estoy regresando esta maldita cosa!».

La había robado.

Tom

La historia de Tom me hace reír porque dijo que el tipo se sentía en verdad molesto por el hecho de tener que regresar la televisión, pero sabía que era lo correcto. Era claro que había sido inspirado.

Hay tantas historias de bondad que podría contarte. Aquí hay algunas más.

Recientemente estuve en una tienda de descuento en Tillicoul-
try. [Es un pueblo en el centro de Escocia, no lejos de Stirling.]

Tomé un pequeño paraguas y un mantel que quería rega-
lar. Pagué el mantel, pero cuando llegué a casa me di cuenta
de que no había pagado el paraguas. No quería volver a la
tienda, así que solo envié por correo un cheque por el dinero
correspondiente, sin esperar saber más al respecto.

Dos semanas después recibí una llamada telefónica del
gerente de la tienda. Estaba sorprendido por completo de
que yo hubiera enviado el cheque. Se disculpó por la falta
de vigilancia en la tienda, me agradeció por mi honestidad y
me devolvió el cheque. ¿Qué te parece?

Jo

Elizabeth y yo nos estábamos mudando de casa hace unos años. En realidad, no teníamos que ir tan lejos. La casa se encontraba justo al final de la misma calle, así que no nos molestamos en contratar una camioneta o una empresa de mudanzas. Sin embargo, después de llenar nuestro auto con cajas y cosas por décima vez, de conducirlo por la misma calle, vaciarlo y cargar todo por un tramo de escaleras, nos dimos cuenta de que no lo habíamos pensado bien.

Empezamos a las siete y treinta de la mañana y para las cinco de la tarde solo nos faltaba mover nuestros dos sofás. El día previo habíamos decidido que podríamos llevarlos fácilmente por la calle. Pero en ese momento ya no parecía tan buena idea.

Así que allí estábamos, cargando el primer sofá y parando cada 10 metros para descansar. Era especialmente difícil para Elizabeth, que tiene la mitad de mi tamaño. Habíamos avanzado alrededor de 50 metros cuando un hombre que caminaba por la calle se detuvo, se presentó como Tony y ofreció su ayuda. Resultó que sería uno de nuestros vecinos en el complejo de apartamentos al que nos estábamos mudando. Tony y yo llevamos el sofá el resto del camino. Puede que a él no le haya parecido gran cosa, pero para nosotros hizo una gran diferencia.

Sin embargo, apenas estábamos a la mitad. Todavía debíamos llevar el otro sofá, aunque más pequeño, al nuevo apartamento. Alrededor de 15 minutos más tarde, estábamos en un *déjà vu*: lo llevábamos y nos deteníamos cada 10 metros más o menos para tomar un breve descanso.

Esta vez ya habíamos recorrido unos 80 metros por la calle cuando una furgoneta blanca se detuvo y dos hombres polacos saltaron. No hablaban nada de inglés, pero con unos pocos gestos amistosos levantaron el sofá. Todos juntos lo llevamos, intercambiando asentimientos y sonrisas. Elizabeth mantuvo abiertas las puertas del complejo de apartamentos mientras apretábamos el sofá en las esquinas y subíamos las escaleras. Los polacos lo llevaron hasta el apartamento sin mediar una sola palabra. Cuando lo acomodaron, solo sonrieron y asintieron de nuevo. Luego se fueron.

Estábamos tan agradecidos que nos sentimos conmovidos hasta las lágrimas. Nunca lo he olvidado.

ACTO DE AMABILIDAD
Si alguien hace algo bueno por ti, haz algo bueno por alguien más. Devuelve el favor.

Hoy, mi hermana y yo vimos a una mujer mayor con una extremidad amputada pidiendo limosna en Princes Street, en Edimburgo.

Cuando nos acercamos a ella, vimos que estaba alimen-tando a una paloma, partiendo el pan en pequeños trozos de manera que el pájaro pudiera comer. Aunque parecía tener muy poco, cuidaba a los seres que la rodeaban.

Este hecho nos conmovió mucho, así que nos detuvimos y le dimos algo de dinero. Estrechó nuestras manos y nos dijo que nos amaba. Le dijimos que nosotras la amábamos también. No sé si alguna vez he visto ojos como los de ella, llenos de tanto amor que brillaban. Fue un momento en verdad especial, de humano a humano.

Ems[20]

Un rayo de luz

Hace unos años mi amiga Kim y su esposo Sinclair sufrieron la terrible tragedia de perder a su hijo Calum, debido a una meningitis.

«Nunca he conocido días más oscuros —dijo Kim—. El mundo era un lugar muy sombrío para mí en ese momento. Así como perdí a mi hijo, perdí mi amor por la vida».

Era la peor pesadilla de todos los padres. Pero la bondad que les mostró la familia, los amigos e incluso los extraños les trajo esperanza. Recibieron muchos deseos bondadosos y sinceros; los amigos los visitaban y preparaban té para ellos hacían las compras, ofrecían su apoyo y ayudaban en todo lo que podían. Llegaron cartas de personas que no conocían. Recibieron abrazos de vecinos a los que solo habían saludado de paso alguna vez.

La bondad se extendió por todo el mundo a medida que las personas se enteraban de nuestros esfuerzos para recaudar fondos a fin de ayudar a la investigación sobre la meningitis.

La banda The Fratellis (la favorita de Calum) no solo nos dio una preciada guitarra, una pintura y un tambor de piel, sino también su tiempo. Se las arreglaron para sacar mi auto del depósito después de que lo remolcaron cuando fui a verlos; pidieron conocer a los amigos de mi hijo; promovieron el trabajo de Meningitis Trust y dedicaron su álbum a Calum. Muchas otras personas ayudaron a recaudar fondos y también nos desearon lo mejor.

Un hombre en Estados Unidos participó en un concurso de mercancía de The Fratellis para poder enviarla a Kim y Sinclair para recaudar fondos. Una mujer en Inglaterra incluso les envió algo de su colección personal de objetos de The Fratellis.

Estos actos de bondad encontraron una manera de llegar a través del velo de la tremenda pena y tristeza. Crearon una chispa de luz que me ayudó a superar cada día y comenzar a sentir que el mundo no era un mal lugar. Nunca antes había estado en el extremo receptor de semejante derramamiento de amor y bondad.

Las personas que se tomaron el tiempo para escribir, hornear, hacer las compras o limpiar para nosotros son nuestros héroes. Nunca les podré agradecer lo suficiente a los amigos que nos preguntaron cómo estábamos y en verdad querían saberlo, a los que escucharon en el otro extremo del teléfono mis sollozos a todas horas. Sé que no hicieron ninguna de estas cosas para que se los agradeciera. Pero es importante que las personas conozcan el impacto que tuvieron sus actos bondadosos.

Estos actos fueron el combustible que ayudó a encender otra vez el fuego de mi alma. Tocaron un lugar profundo den-

tro de mí que restauró mi fe en el mundo. Esto no debe tomarse a la ligera, ya que la muerte de Calum me hizo cuestionar todo en lo que antes había creído. Dudo que la mujer que hizo algunos pasteles y los dejó en nuestra puerta se haya dado cuenta del impacto que esto tuvo.

La bondad es sumamente poderosa. Si todos emprendieran la tarea de hacer un acto de bondad semana a semana, piensa en cuánta luz se podría traer al mundo.

Kim

PENSAMIENTOS FINALES

Todo acto de amabilidad importa. Es importante para las personas que ayudamos.

Además, tiene efectos secundarios. Hemos aprendido que la amabilidad nos hace más felices, beneficia al corazón, retarda el envejecimiento, mejora nuestras relaciones y es contagiosa.

Algunos argumentan que ser amable o bondadoso es egoísmo si sabemos que nos beneficiamos de ello. Este problema siempre estará presente. Pero no debemos dejar que el debate nos disuada de serlo. Independientemente de las razones, la amabilidad marca la diferencia. Y en el momento en que ocurre, hay algo que toma el control: es el *espíritu de bondad*. Calienta nuestro corazón y nuestra mente. Nos levanta.

La bondad es más grande que las razones que podamos tener para ser bondadosos. Es más grande que nuestros debates y nuestras filosofías; incluso más grande que nuestras religiones. La bondad es universal.

Como escribió Mark Twain: «La bondad es el lenguaje que los sordos pueden oír y los ciegos pueden ver».

La bondad nos conecta. Enciende incluso la antigua biología que aseguraba que la conexión es saludable. Sabemos que la bondad es lo correcto.

Así como dejar caer una piedra en el agua crea ondas, un acto de bondad se propaga y, en nuestro moderno mundo interconectado, puede impactar a muchas más personas de lo que creemos.

Hace poco leí sobre una persona que tenía la costumbre de detenerse a comprar café en su camino al trabajo. Además compraba café y un sándwich para un hombre sin hogar que se encontraba en la calle. Por lo general, pagaba algunos cafés por adelantado de manera que este hombre pudiera tomar una bebida caliente durante el día.

Una mañana, cuando entró en la cafetería para comprar el café y el sándwich habituales, el asistente le dijo que ya habían pagado su café.

El indigente, Daniel, había ganado 20 libras en una tarjeta de rascar de lotería y una de las primeras cosas que hizo fue pagar el café del hombre que en varias ocasiones había comprado el suyo.[1]

Son estas cosas aparentemente pequeñas —los pequeños intercambios, las sonrisas, las manos que ayudan— lo que marca la diferencia y calientan nuestro corazón. De esta manera, la amabilidad forma el tejido de la sociedad humana. Mantiene unidas a las familias, las amistades y las comunidades.

La amabilidad también levanta los ánimos. Nos eleva. Nos recuerda quiénes somos y de qué se trata la vida.

Si alguna vez tienes dudas sobre qué hacer o en qué dirección girar, sé bondadoso, sé amable. La amabilidad *siempre* es el camino hacia lo correcto.

EL RETO DE LA AMABILIDAD EN SIETE DÍAS

Quisiera desafiarte a realizar al menos un acto de amabilidad al día durante una semana. La intención es hacer que la gente sonría, levantar el ánimo, hacer una diferencia. He establecido algunas reglas básicas para hacerlo más interesante y ayudarte a ti (y a otros) a aprovecharlo al máximo:

1. Debe ser algo diferente cada día. Puedes hacer lo mismo en dos días diferentes, pero solo cuenta la primera vez.

2. Tienes que salir de tu zona de confort al menos una vez, es decir, hacer algo que requiera algún esfuerzo.

3. Al menos uno de tus actos de amabilidad debe ser anónimo. Es decir, nadie debe saber que fuiste tú quien lo hizo. No se lo puedes contar a nadie.

Si quieres ir todavía más lejos, ¡puedes convertirlo en un desafío de amabilidad de 21 días! Hazme saber cómo te va.

REFERENCIAS

Primer beneficio: la amabilidad nos hace más felices

1. S. Lyubomirsky, C. Tkach y K. M. Sheldon, «Pursuing sustained happiness through random acts of kindness and counting one's blessings: tests of two six-week interventions», Departamento de Psicología, Universidad de California, Riverside (inédito), 2004 [véase también https://positivepsychologyprogram.com/random-acts-kindness/].
2. S. K. Nelson, K. Layous, S. W. Cole y S. Lyubomirsky, «Do unto others or treat yourself? The effects of prosocial and self-focused behavior on psychological flourishing», *Emotion*, 21 de abril de 2016 (avance publicado en línea en el momento de escribir esta nota).
3. M. F. Steger, T. B. Kashdan y S. Oishi, «Being good by doing good: daily eudaimonic activity and well-being», *Journal of Research in Personality*, *42*, 2008, pp. 22-42.
4. E. W. Dunn, L. B. Aknin y M. I. Norton, «Spending money on others promotes happiness», *Science*, *319*, 2008, 1, pp. 687-688.

5. L. B. Aknin, J. K. Hamlin y E. W. Dunn, «Giving leads to happiness in young children», *PLOS ONE*, *7*(6), e39, 2012, p. 211.

6. L. E. Alder y J. L. Trew, «If it makes you happy: engaging in kind acts increases positive effect in socially anxious individuals», *Emotion*, *13*(1), 2013, pp. 64-75.

7. En su página web, Patch escribió: "El Instituto Gesundheit!, una organización de asistencia a la salud sin fines de lucro, es un proyecto de atención médica holística basado en la creencia de que no es posible separar la salud del individuo de la salud de la familia, la comunidad, la sociedad y el mundo. Nuestra misión es dar un nuevo enfoque y reclamar el concepto de 'hospital'".

8. Allan Luks, *The healing power of doing good*, iUniverse.com, Lincoln, Nebraska, 1991.

9. Para más información sobre el tratamiento moral como una opción histórica para tratar la depresión, véase T. Taubes, «Healthy avenues of the mind: psychological theory building and the influence of religion during the era of moral treatment», *American Journal of Psychiatry*, *155*, 1, 1998, pp. 1-8.

10. «Mental capital and wellbeing: making the most of ourselves in the 21st century», UK GovernmentOffice for Science, 2008 [https://www.gov.uk/government/uploads/system/uploads/attachment_data/file/292453/mental-capital-wellbeing-summary.pdf (visitada por última vez el 19 de octubre de 2016)].

11. M. A. Musick y J. Wilson, «Volunteering and depression: the role of psychological and social resources in different age groups», *Social Science and Medicine*, *56*(2), 2003, pp. 259-269.

12. E. A. Greenfield y N. F. Marks, «Formal volunteering as a protective factor for older adults' psychological well-being», *Journal of Gerontology Series B: Psychological Sciences and Social Sciences*, *59*(5), 2004, pp. 258-264.

13. E. Kahana, K. Feldman, C. Fechner, E. Midlarsky y B. Kahana, «Altruism and volunteering: effects on psychological well-being in the old-old», trabajo presentado en una reunión de la Gerontological Society of America, Washington, D. C., 2004.

14. K. I. Hunter y M. W. Linn, «Psychosocial differences between elderly volunteers and non-volunteers», *International Journal of Aging and Human Development*, *12*(3), 1980-1981, pp. 205-213.

15. Según lo relata Dacher Keltner en *Born to be good. The science of a meaningful life*, Norton, Londres / Nueva York, 2009. En su libro, Keltner describe cómo la medición que hizo el profesor de psicología Richie Davidson, de la activación del lóbulo frontal en un monje budista tibetano, estaba "fuera de escala".

16. B. Fredrickson, M. Cohn, K. A. Coffey, J. Pek y S. M. Finkel, «Open hearts build lives: positive emotions, induced through loving-kindness meditation, build consequential personal resources», *Journal of Personality and Social Psychology*, *95*(5), 2008, 1, pp. 45-62.

17. M. Mongrain, J. M. Chin y L. B. Shapira, «Practicing compassion increases happiness and self-esteem», *Journal of Happiness Studies*, *12*, 2011, pp. 963-981.

18. R. A. Emmons y M. E. McCullough, «Counting blessings versus burdens: an experimental investigation of gratitude and subjective well-being in daily life», *Journal of Personality and Social Psychology*, *84*(2), 2003, pp. 377-389 (este ensayo también aborda el estudio de dos semanas).

19. Citado en Robert A. Emmons, *Thanks! How the new science of gratitude can make you happier*, Houghton Mifflin Harcourt, Boston, Massachusetts, 2007.

Segundo beneficio: la bondad es buena para el corazón

1. N. Magon y S. Kalra, «The orgasmic history of oxytocin: love, lust, and labor», *Indian Journal of Endocrinology and Metabolism*, *15*(sup. 3), 2011, pp. 156-161.
2. Consultado en https://en.wikipedia.org/wiki/Oxytocin.
3. C. Crockford, T. Deschner, T. E. Ziegler y R. M. Wittig, «Endogenous peripheral oxytocin measures can give insight into the dynamics of social relationships: a review», *Frontiers in Behavioural Neuroscience*, *8*(68), 2014, pp. 1-14.
4. M. Jankowski, T. L. Broderick y J. Gutkowska, «Oxytocin and cardioprotection in diabetes and obesity», *BMC Endocrine Disorders*, 16, 34, 2016; M. Jankowski, A. González-Reyes, N. Noiseux y J. Gutkowska, «Oxytocin in the heart regeneration», *Recent Patents on Cardiovascular Drug Discovery*, *7*, 2012, pp. 81-87.
5. Jankowski, Broderick y Gutkowska, *ibid.*
6. F. Houshmand, M. Faghihi y S. Zahediasl, «Role of atrial natriuretic peptide in oxytocin induced cardioprotection», *Heart, Lung and Circulation*, *24*(1), 2015, pp. 86-93.
7. A. Argiolas y M. R. Melis, «Oxytocin-induced penile erection: role of nitric oxide», *Advances in Experimental Medicine and Biology*, *395*, 1995, pp. 247-254.
8. Para un buen video de resumen sobre el óxido nítrico y cómo trabaja, véase la entrevista al doctor Louis Ignarro, en https://youtu.be/3PiljAwxS4Q.
9. Doctor Louis Ignarro y doctor Andrew Myers, *The new heart health*, Healthwell Ventures, Redondo Beach, California, 2013.
10. Las respuestas típicas se obtuvieron de los asistentes a algunos de mis talleres.
11. J. A. Silvers y J. Haidt, «Moral elevation can induce nursing», *Emotion*, *8*(2), 2008, pp. 291-295.

12. L. J. Seltzer, T. E. Zieglar y S. D. Pollak, «Social vocalizations can release oxytocin in humans», *Proceedings of the Royal Society B: Biological Sciences, 277*(1694), 2, 2010, pp. 661-666.

13. R. White-Traut, K. Watanabe, H. Pournajafi-Nazarloo, D. Schwertz, A. Bell y C. S. Carter, «Detection of salivary oxytocin levels in lactating women», *Developmental Psychobiology, 51*(4), 2009, pp. 367-373.

14. K. M. Grewen, S. S. Girdler, J. Amico y K. C. Light, «Effects of partner support on resting oxytocin, cortisol, norepinephrine, and blood pressure before and after warm partner contact», *Psychosomatic Medicine, 67*, 2005, pp. 531-538.

15. Este trabajo de revisión enumera diferentes maneras de producir oxitocina (presentadas tanto en tablas como en discusiones individuales): C. Crockford, T. Deschner, T. E. Ziegler y R. M. Wittig, «Endogenous peripheral oxytocin measures can give insight into the dynamics of social relationships: a review», *Frontiers in Behavioural Neuroscience, 8*(68), 2014, pp. 1-14.

16. T. W. Smith, C. Berg, B. N. Uchino, P. Florsheim y G. Pearce, «Marital conflict behavior and coronary artery calcification», trabajo presentado en la 64ª Reunión anual de la American Psychosomatic Society, en Denver, Colorado, 3 de marzo de 2006; J. K. Kiecolt-Glaser, T. J. Loving, J. R. Stowell, W. B. Malarkey, S. Lemeshow, S. L. Dickinson y R. Glaser, «Hostile marital interactions, proinflammatory cytokine production, and wound healing», *Archives of General Psychiatry, 62*, 1, 2005, pp. 377-384.

17. R. Singh *et al.*, «Role of free radical in atherosclerosis, diabetes and dyslipidaemia: larger-than-life», *Diabetes Metabolism Research and Reviews, 31*(2), 2015, pp. 113-126.

18. A. Szeto, D. A. Nation, A. J. Méndez, J. Domínguez-Bendela, L. G. Brooks, N. Schneiderman y P. M. McCabe, «Oxytocin attenuates NADP-dependent superoxide activity and IL-6 secretion in macrophages and vascular cells», *American Journal of Endrocrinology and Metabolism*, *295*, 2008, E1, pp. 495-1501.

19. Doctor Mimi Guarneri, *The heart speaks*, Simon & Schuster, Nueva York, 2006.

20. Varios estudios se resumen en G. N. Levine, K. Allen, L. T. Braun, H. A. Christian, E. Friedmann, K. A. Taubert, S. A. Thomas, D. L. Wells y R. A. Lange, «Pet ownership and cardiovascular risk: a scientific statement from the American Heart Association», *Circulation*, *127*(23), 2013, 2, pp. 353-363.

21. E. Friedmann y S. A. Thomas, «Pet ownership, social support, and one-year survival after acute myocardial infarction in the Cardiac Arrhythmia Suppression Trial (CAST)», *American Journal of Cardiology*, *76*, 1, 1995, pp. 213-217.

22. E. Callaway, «Pet dogs rival humans for emotional satisfaction», *New Scientist*, 14 de enero de 2009.

23. E. B. Raposal, H. B. Laws y E. B. Ansell, «Prosocial behavior mitigates the negative effects of stress in everyday life», *Clinical Psychological Science*, *4*(4), 2016, pp. 691-698.

24. Citado en Robert A. Emmons, *Thanks! How the new science of gratitude can make you happier*, Houghton Mifflin Harcourt, Boston, Massachusetts, 2007.

25. G. Affleck, H. Tennen, S. Croog y S. Levine, «Casual attribution, perceived benefits, and morbidity after a heart attack: an 8-year study», *Journal of Consultation and Clinical Psychology*, *5*(1), 1987, pp. 29-35.

26. Citado en Guarneri, *op. cit.*

27. K. C. Light, K. M. Grewen y J. A. Amico, «More frequent partner hugs and higher oxytocin levels are linked to lower blood pressure and heart rate in premenopausal women», *Biological Psychology*, *69*, 2005, pp. 5-21.

Tercer beneficio: la amabilidad retrasa el envejecimiento

1. He hecho sondeos de opinión algunas veces en medio de mis pláticas. He pedido que levanten la mano quienes creen que su dieta y su estilo de vida tienen un impacto en su salud. Todo mundo levanta la mano. Pero cuando he preguntado quién cree que su ritmo de envejecimiento está en sus genes, más de la mitad (en ocasiones muchos más) levanta la mano, por lo que concluyo que la «mayor» parte de la gente lo asume.

2. C. Elabd, W. Cousin, P. Upadhyayula, R. Y. Chen, M. S. Chooljian, J. Li, S. Kung, K. P. Jiang e I. M. Conboy, «Oxytocin is an age-specific circulating hormone that is necessary for muscle maintenance and regeneration», *Nature Communications*, 5, 2014, pp. 5, 4, 082.

3. N. Gassanov, D. Devost, B. Danalache, N. Noiseux, M. Jankowski, H. H. Zingg y J. Gutkowska, «Functional activity of the carboxyl-terminally extended oxytocin precursor peptide during cardiac differentiation of embryonic stem cells», *Stem Cells*, 26, 2008, pp. 45-54; M. Jankowski, A. González-Reyes, N. Noiseux y J. Gutkowska, «Oxytocin in the heart regeneration», *Recent Patents on Cardiovascular Drug Discovery*, 7, 2012, pp. 81-87.

4. Para más información sobre la teoría polivagal, véase https://es.wikipedia.org/wiki/Teor%C3%ADa_polivagal.

5. N. Eisenberg, R. A. Fabes, P. A. Miller, J. Fultz, R. Shell, R. M. Mathy y R. R. Reno, «Relation of sympathy and personal distress to prosocial behavior: a multimethod study», *Journal of Personality and Social Psychology*, 57(1), 1989, pp. 55-66; N. Eisenberg, M. Schaller, R. A Fabes, D. Bustamante, R. M. Mathy, R. Shell y K. Rhodes, «Differentiation of personal distress and sympathy in children and adults», *Developmental Psychology*, 24, 1988, pp. 766-775.

6. J. E. Stellar, «Vagal reactivity and compassionate response to the suffering of others», tesis presentada para su defensa según los requisitos para obtener el grado de Doctor en Filosofía en Psicología, Universidad de California, Berkeley, 2013.

7. B. E. Kok, K. A. Coffey, M. A. Cohn, L. I. Catalino, T. Vacharkulksem-suk, S. B. Algoe, M. Brantley y B. Fredrickson, «How positive emotions build physical health: perceived positive social connections account for the upward spiral between positive emotions and vagal tone», *Psychological Science, 24*(7), 1, 2013, pp. 123-132.

8. Una buena revisión sobre el tema de la inflamación se encuentra en C. Francheschi y J. Capisi, «Chronic inflammation (inflam-maging) and its potential contribution to age-related diseases», *Journal of Gerontology Series A: Biological Sciences and Medical Sciences, 69*(S1), 2014, pp. S4-S9.

9. Para una buena revisión sobre el reflejo inflamatorio, véase V. A. Pavlov y K. J. Tracey, «The vagus nerve and the inflammatory reflex: linking immunity and metabolism», *Nature Reviews, Endocrinology, 8*(12), 2012, pp. 743-754.

10. H. L. Lujan y S. E. DiCarlo, «Physical activity, by enhancing parasym-pathetic tone and activating the cholinergic anti-inflammatory pathway, is a therapeutic strategy to restrain chronic inflammation and prevent many chronic diseases», *Medical Hypotheses, 80*(5), 2013, pp. 548-552 (este trabajo sugiere que el ejercicio reduce la inflamación leve al incrementar el tono vagal).

11. T. W. W. Pace, L. T. Negi, D. D. Adame, S. P. Cole, T. I. Sivillia, T. D. Brown, M. J. Issa y C. L. Raison, «Effect of compassion meditation on neuroendocrine, innate immune and behavioural responses to psychosocial stress», *Psychoneuroendocrinology, 34*, 2009, pp. 87-98 (el estudio mide la reducción de la inflamación en respuesta al estrés).

12. V. Deing, D. Roggenkamp, J. Kühnl, A. Gruschka, F. Stäb, H. Wenck, A. Bürkle y G. Neufang, «Oxytocin modulates proliferation and stress responses of human skin cells: implications for atopic dermatitis», *Experimental Dermatology*, *22*(6), 2013, pp. 399-405.

13. Para información general sobre el óxido nítrico, véase la página web del doctor Louis Ignarro, ganador del Premio Nobel en Medicina: http://www.drignarro.com.

14. A. L. Sverdlov, D. T. M. Ngo, W. P. A. Chan, Y. Y. Chircov y J. D. Horowitz, «Aging of the nitric oxide system: are we as old as our NO?», *Journal of the American Heart Association*, *3*, e000973, 2014.

15. S. A. Austin, A. V. Santhanam y Z. S. Katusic, «Endothelial nitric oxide modulates expression and processing of amyloid precursor protein», *Circulation Research*, *107*, 2010, pp. 1498-1502 [véase también https://drnibber.com/nitric-oxide-alzheimers-disease/].

16. K. J. Kempler, D. Powell, C. C. Helms y D. B. Kin-Shapiro, «Loving-kindness meditation's effects on nitric oxide and perceived well-being: a pilot study in experienced and inexperienced meditators», *Explore*, *11*(1), 2015, pp. 32-39 (el trabajo mide el incremento en los niveles de nitrito y nitrato, los cuales son indicativos de un aumento en los niveles de óxido nítrico).

17. I. Gusarov, L. Gautier, O. Smolentseva, I. Shamovsky, S. Eremina, A. Mironov y E. Nudler, «Bacterial nitric oxide extends the lifespan of C. elegans», *Cell*, *152*(4), 2013, pp. 818-830.

18. G. H. Brody, T. Yu, S. R. H. Beach y R. A. Philbert, «Prevention effects ameliorate the prospective association between nonsupportive parenting and diminished telomere length», *Prevention Science*, *16*(2), 2015, pp. 171-180.

19. E. A. Hoge, M. M. Chen, C. A. Metcalf, L. E. Fischer, M. H. Pollack, I. DeVivo y N. M. Simon, «Loving-kindness meditation practice associated with longer telomeres in women», *Brain Behaviour and Immunity*, *32*, 2013, pp. 159-163.

20. D. C. McClelland y C. Kirshnit, «The effect of motivational arousal through films on salivary immunoglobulin A», *Psychology and Health*, *2*(1), 1988, pp. 31-52.

21. G. Rein, M. Atkinson y R. McCraty, «The physiological and psychological effects of compassion and anger», *Journal of Advancement in Medicine*, *8*(2), 1995, pp. 87-105.

22. D. P. Rakel, T. J. Hoeft, B. P. Barrett, B. A. Chewning, L. Marchland y M. Niu, «Perception of empathy in the therapeutic encounter: effects on the common cold», *Patient Education and Counselling*, *85*, 2011, pp. 390-397; D. P. Rakel, T. J. Hoeft, B. P. Barrett, B. A. Chewning, B. M. Craig y M. Niu, «Practitioner empathy and the duration of the common cold», *Family Medicine*, *41*(7), 2009, pp. 494-501.

Cuarto beneficio: la amabilidad mejora nuestras relaciones

1. D. M. Buss, «Sex differences in human mate preference: evolutionary hypothesis tested in 37 countries», *Behavioral and Brain Sciences*, *12*, 1989, pp. 1-49; véase también Dacher Keltner, *Born to be good. The science of a meaningful life*, Norton, Londres / Nueva York, 2009.

2. C. S. Carter, «Oxytocin pathways and the evolution of human behavior», *Annual Reviews in Psychology*, *65*, 2014, pp. 17-39.

3. Información al respecto en https://en.wikipedia.org/wiki/Oxytocin] y [http://physrev.physiology.org/content/81/2/629.long.

4. J. M. Gottman, *What predicts divorce? The relationship between marital processes and marital outcomes*, Psychology Press, 1993 [véase también http://www.theatlantic.com/health/archive/2014/06/happily-ever-after/372573/].

5. S. L. Gable, H. T. Reis, E. A. Impett y E. R. Asher, «What do you do when things go right? The intrapersonal and interpersonal benefits of sharing positive events», *Journal of Personality and Social Psychology*, *87*(2), 2004, pp. 228-245.

6. *Ibid.*

7. S. B. Algoe, J. Haidt y S. L. Gable, «Beyond reciprocity: gratitude and relationships in everyday life», *Emotion*, *8*(3), 2008, pp. 425-429.

Quinto beneficio: la amabilidad es contagiosa

1. S. B. Algoe y J. Haidt, «Witnessing excellence in action: the other-praising emotions of elevation, gratitude, and admiration», *Journal of Positive Psychology*, *4*(2), 2009, pp. 105-127.

2. J. Haidt, «Elevation and the positive psychology of morality», en C. L. M. Keys y J. Haidt (eds.), *Flourishing. Positive psychology and the life well-lived*, The American Psychological Association, 2003.

3. D. Freeman, K. Aquino y B. McFerran, «Overcoming beneficiary race as an impediment to charitable donations: social dominance orientation, the experience of moral elevation, and donation behavior», *Personality and Social Psychology Bulletin*, *35*, 2009, pp. 72-94.

4. S. Schnall, J. Roper y D. M. Fessler, «Elevation leads to altruistic behavior», *Psychological Science*, *21*(3), 2010, pp. 315-320.

5. *Ibid.*

6. J. Galante, M. J. Bekkers, C. Mitchell y J. Gallacher, «Loving-kindness meditation effects on well-being and altruism: a mixed-method online RCT», en *Applied Psychological Health and Wellbeing*, 2016, 23 de junio (publicación electrónica antes de impresión).

7. H. Over y M. Carpenter, «Eighteen-month-old infants show increased helping following priming with affiliation», *Psychological Science*, *20*(10), 2009, pp. 1189-1193.

8. Citado en Dacher Keltner, *Born to be good. The science of a meaningful life*, Norton, Londres / Nueva York, 2009.

9. *Ibid*.

10. R. A. Fabes, L. D. Hanish, C. L. Martin, A. Moss y A. Reesing, «The effects of young children's affiliations with prosocial peers on subsequent emotionality in peer interactions», *British Journal of Developmental Psychology*, *30*(4), 2012, pp. 569-585.

11. R. G. Netemeyer, J. G. Maxham III y D. R. Lichenstein, «Store manager performance and satisfaction: effects on store employee performance and satisfaction, store customer satisfaction, and store customer spending growth», *Journal of Applied Psychology*, *95*(3), 2010, pp. 530-545.

12. Joseph A. Chancellor, «Ripples of generosity in the workplace: the benefits of giving, getting, and glimpsing», disertación doctoral, Universidad de California, Riverside, diciembre de 2013.

13. M. Vianello, E. M. Galliano y J. Haidt, «Elevation at work: the effects of leaders' moral excellence», *The Journal of Positive Psychology*, *5*(5), 2010, pp. 390-411.

14. J. H. Fowler y N. A. Christakis, «Dynamic spread of happiness in a large social network: longitudinal analysis over 20 years in the Framingham Heart Study», *British Medical Journal*, *337*, a2, 338, 2008, pp. 1-9.

15. J. H. Fowler y N. A. Christakis, «Cooperative behaviour cascades in human social networks», *Proceedings of the National Academy of Sciences*, *107*(12), 5, 2010, pp. 334-338.

16. http://www.uwhealth.org/news/longest-kidney-chain-ever-completed-wraps-up-at-uw-hospital-and-clinics/45549 (visitada por última vez el 30 de julio de 2016); [véase también http://abc

news.go.com/Health/donating-kidney-complete-stranger-order-save-loved/story?id=30288400] (visitada por última vez el 30 de julio de 2016).

17. http://www.kidneyregistry.org.

18. Para mayor información sobre Howard Kelly, incluyendo el relato del «vaso de leche», véase A. D. Davis, *Dr. Kelly of Hopkins*, The John Hopkins Press, 1959.

19. La institución de beneficencia que mis amigos y yo organizamos es Spirit Aid Foundation. El reconocido actor David Hayman ha formado parte de esto desde sus inicios y continúa haciendo un magnífico trabajo como cabeza de sus operaciones, para lo cual divide su tiempo entre la vida familiar, la actuación, las grabaciones y su labor como voluntario en Spirit Aid véase la página web www.spiritaid.org.

20. La historia de Ems viene de una página de Facebook que ella dirige, llamada The delight of Kindness! [¡La delicia de la amabilidad!]. Para leer más historias sobre actos de amabilidad cotidianos, véase https://www.facebook.com/groups/145471685636483/.

Pensamientos finales

1. http://metro.co.uk/2016/01/26/big-issue-seller-repays-kindness-back-to-man-who-buys-him-coffee-every-week-5644613/ (visitada por última vez el 19 de octubre de 2016).

AGRADECIMIENTOS

Agradezco a las siguientes personas por sus valiosas contribuciones a este libro:

Elizabeth Caproni, por su amor y apoyo durante todo el proceso de escritura; por las útiles sugerencias y por acompañarme con paciencia durante mis largas horas.

Lizzie Henry, mi editora, por haber trabajado una vez más con la magia para convertir mi borrador en un artículo terminado y, en última instancia, hacerme ver mejor como escritor.

Ann Hutchison y Joe Hayes, quienes leyeron el primer borrador y me ofrecieron valiosos comentarios e ideas que mejoraron enormemente el libro.

Todo el personal de Hay House UK, por todo lo que hacen para apoyarme como autor.

El personal de Caffè Nero, en Stirling, donde pasé muchas mañanas trabajando en este libro, por ayudarme a crear un ambiente ideal para trabajar. Y gracias a Caffè Nero como empresa por crear un café con un gran sabor (y *muffins* de arándanos).

Ems Harrington, por proporcionar algunas historias para el libro desde su grupo de Facebook («The Delight of Kindness») y por ser un modelo brillante de bondad. Y a todas las personas que compartieron historias de bondad, las que se incluyen en el libro y otras que me inspiraron, pero fueron excluidas de estas páginas simplemente por falta de espacio.

Bethany Rivett-Carnac, por producir excelentes ilustraciones que mejoran algunos de los puntos específicos que me interesaban.

Robert Holden, por su aliento cuando escribí este libro y por ser una caja de resonancia cuando lo necesité.

Mi madre, por enseñarme con el ejemplo y mostrarme el poder de la bondad.

Y, por último, pero no menos importante, mi perro, Óscar, que falleció en noviembre de 2014, por ayudarme a convertirme en la persona que soy.

SOBRE EL AUTOR

David R. Hamilton se graduó en Química con honores de primera clase. Es especialista en Química biológica y médica, y tiene un doctorado en Química orgánica por la Universidad de Strathclyde, en Glasgow. Tiene el honor «un poco *nerd*» de haber obtenido el 100% en un examen de grado de tercer año en Mecánica estadística, una rama de la física cuántica aplicada a la química.

David trabajó durante cuatro años en la industria farmacéutica, en donde desarrolló medicamentos para enfermedades cardiovasculares y el cáncer. Al abandonar la industria, fue cofundador de la institución de beneficencia internacional Spirit Aid Foundation, donde se desempeñó como director durante dos años.

Mientras escribía su primer libro, David fue profesor de Química, Ecología y Matemáticas en el James Watt College for Further and Higher Education, y tutor de Química en la Universidad de Glasgow. Es autor de nueve libros publicados por Hay House; dicta conferencias y dirige talleres en los cuales la ciencia es aplicada como medio de inspiración. David escribe un blog de manera regular en su sitio web y blogs ocasionales para *Psychologies* Life Labs y *The Huffington Post*.

Ha publicado en numerosas revistas, entre ellas *Elle*, *Red Magazine*, *Psychologies*, *YOU Magazine*, *Good Housekeeping*, y en varios periódicos. Es colaborador habitual de la BBC Radio. En 2016, los lectores de la revista *Kindred Spirit* votaron por David como el mejor escritor de MBS.

- DavidR Hamilton PhD
- DavidRHamiltonPhD
- Dr.DRHamilton
- drdavidhamilton.com

Notas

Notas

Notas